E caminhava com eles

Retiros espirituais para casais

Coleção Espiritualidade Familiar

- *Crescer a dois* – Ricardo E. Facci
- *E caminhava com eles: retiros espirituais para casais* – Piero Pellegrini
- *Vida de casal: linhas de espiritualidade conjugal e familiar* – Battista Borsato

PIERO PELLEGRINI

E caminhava com eles

**Retiros espirituais
para casais**

Dados Internacionais de Catalogação na Publicação (CIP)
(Câmara Brasileira do Livro, SP, Brasil)

Pellegrini, Piero
  E caminhava com eles : retiros espitiruais para casais / Piero Pellegrini ; [tradução Antonio Efro Feltrin]. – São Paulo : Paulinas, 2007. – (Coleção espiritualidade familiar)

  Título original: E camminava con loro : ritiri spirituali per coppie
  Bibliografia.
  ISBN 978-85-356-1909-6

  1. Casais - Vida religiosa 2. Espiritualidade 3. Retiros espirituais I. Título. II. Título : Retiros espirituais para casais. III. Série.

06-9761 CDD-269.644

Índice para catálogo sistemático:
1. Retiros para casais : Renovação espiritual : Cristianismo 269.644

Citações Bíblicas: *Bíblia Sagrada*. Tradução da CNBB. São Paulo, 2ª ed., 2002.

Título original da obra: *E camminava con loro*
© Paoline Editoriale Libri. Figlie di San Paolo.
Via Francesco Albani, 21 - 20149 Milano

Direção-geral: *Flávia Reginatto*
Editora responsável: *Luzia Sena*
Assistente de edição: *Andréia Schweitzer*
Tradução: *Antonio Efro Feltrin*
Revisão: *Alessandra Biral
e Leonilda Menossi*
Direção de arte: *Irma Cipriani*
Gerente de produção: *Felício Calegaro Neto*
Capa e editoração eletrônica: *Renata Meira Santos*

Nenhuma parte desta obra poderá ser reproduzida ou transmitida por qualquer forma e/ou quaisquer meios (eletrônico ou mecânico, incluindo fotocópia e gravação) ou arquivada em qualquer sistema ou banco de dados sem permissão escrita da Editora. Direitos reservados.

Paulinas

Rua Pedro de Toledo, 164
04039-000 – São Paulo – SP (Brasil)
Tel.: (11) 2125-3549 – Fax: (11) 2125-3548
http://www.paulinas.org.br – editora@paulinas.com.br
Telemarketing e SAC: 0800-7010081

© Pia Sociedade Filhas de São Paulo – São Paulo, 2007

Introdução

Por que estas reflexões sobre os Evangelhos? Vamos lembrar um pouco a história...

Há muitos anos, as exigências pastorais da paróquia de São Cristóvão, em Urbania (na província de Pesaro e Urbino, Itália), e do Movimento FAC[1] pediam momentos de reflexão para pessoas e para famílias, com base nos evangelhos. O texto devia ter uma apresentação real, clara em seu contexto histórico e religioso do tempo, e, portanto, aplicações para hoje, para as pessoas interessadas, com solicitações de estímulo para a reflexão e oração pessoal e em grupo.

O padre Paulo Arnaboldi chama esse encontro com o Evangelho de "Encontro vivo com Jesus vivo". Jesus e eu somos duas pessoas vivas, que estamos dentro daquela história evangélica e trazemos seu ensinamento para a vida de hoje. Desse modo, entro realmente no fato e faço dele uma ponte para encontrar-me no meu íntimo com Jesus e levar aquela luz para meus comportamentos da vida.

---

[1] A sigla FAC (*Fraterno Aiuto Cristiano*) identifica o movimento não associativo idealizado pelo padre Paulo Arnaboldi, logo depois da Segunda Guerra Mundial, para fazer viver com mais intensidade e verdade o amor de Cristo em fatos, na Igreja e na sociedade de hoje, partindo de um conhecimento vivo do Evangelho, de uma profunda comunhão com Jesus e da concepção de Igreja-comunhão. Justamente *fac* ("faz"), palavra latina encontrada em Lc 10,37, como convite de Jesus a "fazer" como o samaritano. Em Roma, na via Portuense n. 1019, há o Centro Nazaré, que serve de referência para todos os que desejam receber orientações e pedidos espirituais do movimento FAC.

Sou grato ao padre Paulo por ter-me ajudado a conhecer, amar e saborear o Evangelho. Hoje não posso mais viver sem ele.

Assim nasceram estes textos para uso nas paróquias e para muitos amigos ligados ao Movimento, fruto da reflexão pessoal, com a ajuda de subsídios sobre os Evangelhos, e com a contribuição daqueles que comigo compartilhavam a reflexão sobre a Palavra. O encontro acontecia mensalmente, de outubro a junho, com uma atenção especial ao Natal, à Páscoa e ao mês de maio. Esses encontros, além de proporcionarem momentos belos de reflexão em comum, tornaram-se importantes por permitirem fazer um acompanhamento espiritual ao longo do ano social.

Essa reflexão sob a forma de "pensamento mensal" foi recebida favoravelmente por muitos, tanto consagrados como leigos. Mas, com alegre surpresa, notei que as pessoas mais interessadas foram e são os casais, os quais procuram com grande empenho um caminho de santidade à luz da Palavra de Deus, "lâmpada" para os nossos passos. Eles pedem luzes claras do Evangelho para sua condição de vida e uma leitura da própria perspectiva de relação e de espiritualidade.

Estrutura do retiro – Como se pode viver o encontro? É preciso levar a Bíblia e um caderno para eventuais apontamentos e anotações. Observamos que é útil, antes de compartilhar, consultar outros textos e escrever as próprias reflexões. Podem aparecer diversas possibilidades:

- Cada pessoa programa tempos de recolhimento, em casa ou fora dela, em lugar tranqüilo e silencioso; usa o subsídio começando com uma oração; depois, lê o texto do Evangelho e o aprofundamento; se for possível, consulta textos paralelos e notas; depois, com calma e tranqüilidade, lê cada sugestão de reflexão, demorando-se na meditação e na oração diante de Jesus; conclui com uma palavra para memorizar e uma decisão de vida.

- Os esposos, possivelmente juntos, escolhem um tempo disponível (meio dia ou somente algumas horas), dirigem-se a um lugar afastado e apropriado, empenham-se, primeiro pessoalmente, numa meditação prolongada e, depois, num intercâmbio/verificação a dois: é uma espécie de *lectio* na qual os esposos "olham" a própria vida e a própria relação à luz da Palavra de Deus. Concluem rezando juntos, focalizando uma palavra e tomando uma decisão.

- O encontro pode ser feito também como encontro de grupo com adultos e esposos. O procedimento é o mesmo (oração inicial, leitura do trecho bíblico e aprofundamento, outras explicações dadas por quem dirige o encontro e meditação dos pontos para a reflexão). Nesse caso, conclui-se com uma partilha em grupo e o pai-nosso. Falo de *partilha* e não de discussão: a partilha oferece a possibilidade de apresentar as ressonâncias que a Palavra provocou em cada um; a discussão, ao contrário, é um debate sobre pensamentos e idéias genéricas.

Sei que na paróquia e entre aqueles para os quais tem sido difundido este subsídio, o encontro mensal transcorre regularmente com grande benefício espiritual para as pessoas e para a relação do casal. Permite uma regularidade de formação e de caminho espiritual.

É importante que o orientador do encontro seja um sacerdote ou um religioso, ou, ainda, um casal ou um leigo preparado.

Algumas famílias e amigos que conheceram a iniciativa manifestaram o desejo de ter em mãos essas reflexões para realizar um momento de retiro espiritual a cada mês, achando úteis as sugestões para a reflexão pessoal e também para o envolvimento da família. Por isso, movido pelo pensamento de que este subsídio pode servir também para outras famílias, ou ainda para consagrados e cristãos solteiros, pensei, humildemente, na publicação, visando a uma difusão mais ampla para todos os que desejam ser acompanhados na própria vida cristã pela luz da Palavra.

Os documentos da Igreja aos quais me refiro são duas cartas apostólicas de João Paulo II, a *Novo millennio ineunte* (NMI) e a *Rosarium Virginis Mariae* (RVM).

Com imensa gratidão aos amigos que caminham comigo e a todos os que me ajudaram.

O autor

Oração inicial

Senhor, estamos aqui, ao redor de tua Palavra,
como então na Palestina,
quando os discípulos e o povo disputavam espaço
para aglomerar-se ao redor de ti para te escutar.
Colocamo-nos a teu lado,
para encontrar-te, para seguir-te
com a mente e o coração
no texto que vamos ler.
No meio de todo aquele povo, no meio dos doentes,
no meio dos discípulos, no meio das crianças,
estamos também nós.
Sentimo-nos dentro daquela história;
as tuas palavras penetram nosso coração;
sentimo-nos olhados e amados por ti.
Dá-nos o teu Espírito Santo.
Que ele nos guie para nos encontrarmos contigo;
que ele nos dê luz para compreender
aquilo que queres dizer ao nosso coração;
que ele nos dê a coragem de colocar em prática
aquilo que nos fazes compreender.
Obrigado, Jesus Mestre.
Ó Maria, que meditavas o Evangelho,
ajuda-nos a escutar, agora, Jesus. Amém.

Partir novamente de Cristo

> Certamente não nos move a esperança ingênua
> de que possa haver uma fórmula mágica
> para os grandes desafios do nosso tempo;
> não será uma fórmula que vai nos salvar,
> mas uma pessoa, e a certeza que ela nos infunde...
> (NMI, n. 29)

1

Jesus ressuscitado está entre nós

"Eis que estou convosco todos os dias, até o fim dos tempos" (Mt 28,20). Esta certeza, caríssimos irmãos e irmãs, acompanhou a Igreja durante dois milênios e foi agora reavivada em nosso coração com a celebração do Jubileu. Dela devemos tirar um novo impulso para a vida cristã, fazendo dela a força inspiradora do nosso caminho. É na consciência dessa presença do Ressuscitado entre nós que hoje nos colocamos a pergunta feita a Pedro, no fim de seu discurso de Pentecostes, em Jerusalém: "Que devemos fazer?" (At 2,37) (NMI 29).

Essas palavras de João Paulo II são uma espécie de introdução e inspiração para uma série de reflexões que o Espírito quer nos sugerir. O papa é o supremo profeta deste nosso tempo, o leitor mais crível da Palavra de Deus, hoje. Não podemos senão caminhar sob a luz que ele nos ofereceu na Carta apostólica *Novo millennio ineunte*. Começamos com essa consoladora presença do Ressuscitado no meio de seu povo.

À *escuta*

Gosto sempre de tomar nas mãos o fato/parábola dos discípulos de Emaús no evangelho de Lucas. Hoje quero lê-lo com muita calma, detendo-me no silêncio do meu quarto, ou melhor, diante do Santíssimo Sacramento na minha igreja paroquial.

Naquele mesmo dia, o primeiro da semana, dois dos discípulos iam para um povoado, chamado Emaús, a uns dez quilômetros de Jerusalém. Conversavam sobre todas as coisas que tinham acontecido. Enquanto conversavam e discutiam, o próprio Jesus se aproximou e começou a caminhar com eles. Os seus olhos, porém, estavam como vendados, incapazes de reconhecê-lo. Então Jesus perguntou: "O que andais conversando pelo caminho?". Eles pararam, com o rosto triste, e um deles, chamado Cléofas, lhe disse: "És tu o único peregrino em Jerusalém que não sabe o que lá aconteceu nestes dias?". Ele perguntou: "Que foi?". Eles responderam: "O que aconteceu com Jesus, o Nazareno, que foi um profeta poderoso em obras e palavras diante de Deus e diante de todo o povo. Os sumos sacerdotes e as nossas autoridades o entregaram para ser condenado à morte e o crucificaram. Nós esperávamos que fosse ele quem libertaria Israel; mas, com tudo isso, já faz três dias que todas essas coisas aconteceram! É verdade que algumas mulheres do nosso grupo nos assustaram. Elas foram de madrugada ao túmulo e não encontraram o corpo dele. Então voltaram, dizendo que tinham visto anjos e que estes afirmaram que ele está vivo. Alguns dos nossos foram ao túmulo e encontraram as coisas como as mulheres tinham dito. A ele, porém, ninguém viu. Então ele lhes disse: "Como sois sem inteligência e lentos para crer em tudo o que os profetas falaram! Não era necessário que o Cristo sofresse tudo isso para entrar em sua glória?". E, começando por Moisés e passando por todos os profetas, explicou-lhes, em todas as Escrituras, as passagens que se referiam a ele. Quando chegaram perto do povoado para onde iam, ele fez de conta que ia adiante. Eles, porém, insistiram: "Fica conosco, pois já é tarde e a noite vem chegando!". Ele entrou para ficar com eles. Depois que se sentou à mesa com eles, tomou o pão, pronunciou a bênção, partiu-o e deu a eles. Nesse momento, seus olhos se abriram, e eles o reconheceram. Ele, porém, desapareceu da vista deles. Então um disse ao outro: "Não estava ardendo o nosso coração quando ele nos falava pelo caminho e nos explicava as Escrituras?". Naquela mesma hora, levantaram-se e voltaram para Jerusalém, onde encontraram reunidos os Onze e os outros discípulos. E estes confirmaram: "Realmente o Senhor ressuscitou e apareceu a Simão". Então os dois contaram o que tinha acontecido no caminho, e como o tinham reconhecido ao partir o pão (Lc 24,13-35).

Recolho-me em oração. Mergulho no fato e o vivo na intensidade e riqueza de sentimentos e de provocações que o texto ou as reflexões seguintes me sugerem.

Os medos

Há dois discípulos a caminho numa estrada que leva à saída de Jerusalém, lugar onde Deus realizou as suas maravilhas. Sabemos o nome de um dos discípulos: chama-se Cléofas. O nome do outro, não o sabemos, porque o outro posso ser eu, tu, a minha família, a minha comunidade.

Há quem veja nos dois discípulos um casal às voltas com uma envolvente relação de amor, no contexto social difícil de hoje. Aqueles discípulos voltaram as costas ao Senhor e agora retornam para o velho mundo, para os antigos hábitos humanos e terrenos. Simplesmente porque os fatos não aconteceram segundo a lógica deles e porque Jesus não se deixou ver por eles. Ele havia falado do terceiro dia; mas os dois não somente não concedem minutos de tolerância, como até querem uma antecipação. O Mestre apareceu às mulheres, mas o que elas contam? Todos estão realmente perturbados e cegos. O rosto triste, as palavras desconsoladas. A sombra daquela cruz não lhes abriu os olhos. Os dois caminham de cabeça baixa; estão totalmente encurvados, sob as certezas terrenas, sob as lógicas humanas, e não conseguem elevar a cabeça. Têm medo: da história, da morte, do sentido da vida e, talvez, também da verdade.

Quero agora rezar o salmo 121(120), que me convida a elevar o olhar para encontrar a salvação.

Também nós, esposos, temos medo, ficamos tristes, nos sentimos sem esperança. Um medo angustiante. Depois da queda das torres gêmeas de Manhattan, muitas inseguranças apareceram. Perguntamo-nos: quais são os medos que nos envolvem em relação à história, à vida, ao futuro, à morte? O medo diz respeito também à fé, à paternidade de Deus, ao nosso crer em Jesus, à pertença à Igreja? Quais medos preocupam nossa família, nossa vida conjugal? O medo também se torna angústia e insegurança que contagia quem está ao nosso redor?

As luzes

Há dias com um sol muito claro, fora do comum. Hoje é um "primeiro dia depois do sábado" realmente especial, todo luz. Ao redor há flores, muitas flores, muitas árvores floridas e muito verde: parece uma primavera realmente nova! Os dois discípulos demoram a notar que um homem, um personagem especial, juntou-se a eles em seu caminho.

Naquele tempo era normal ser acompanhado por outras pessoas ao longo do caminho. Mas esse é um personagem incômodo, que perturba a tristeza tranqüila dos dois discípulos. Chega de repente, provoca-os, obriga-os a pensar, a aprofundar-se. Suas perguntas são penetrantes e, depois de uma primeira ferida, criam bem-estar, calor e serenidade: "Em que estais pensando? Estais seguros de vossas convicções? Nunca vos comparastes com aquilo que está escrito nos livros sagrados? Ou melhor, não percebestes que se realizou justamente aquilo que foi anunciado? Por que não confiais na Palavra de Deus?".

Agora quero rezar o salmo 27(26) para declarar-te, Senhor, a minha confiança. No entanto, o caminho continua, a luz se faz mais intensa, o coração se aquece, os joelhos ganham nova força, a esperança renasce, porque aquela pessoa caminha ao nosso lado.

Tu és um Deus que ama, que caminha com o teu povo. Armaste tua tenda no meio de nós e habitas aqui de maneira estável. Tudo fala de ti e canta as tuas maravilhas. Mas nós não vemos, não ouvimos, não percebemos. No entanto, tu não te cansas, não deixas de fazer brilhar a luz e a esperança em nosso caminho. Agora te bendizemos pelos sinais de esperança que semeias na nossa relação conjugal. Deixamo-nos guiar pelo teu Espírito e queremos reconhecê-lo com assombro e gratidão. Quais motivos de confiança nos ofereces hoje? Na vida familiar, o que nos ajuda a conseguir ir além das aparências da tristeza, para descobrir tua presença amiga e consoladora?

O desconhecido

Um estrangeiro, um desconhecido caminha ao lado dos dois discípulos. Com sua fala amiga e seu gesto característico de partir o pão, ele se faz reconhecer; agora está claro: o Ressuscitado está aqui conosco, dá seus passos ao lado dos nossos passos. Ele está aqui, embora de forma invisível ("Mas ele desapareceu da vista deles", v. 31). Sua presença esconde-se naquela Palavra que ilumina e aquece, naquele pão que dá vigor e irmana, na assembléia reunida em seu nome, nos gestos de caridade que florescem no mundo, na vida de cada homem ou mulher e, sobretudo, de cada criança, pobre e doente, nos pastores que acompanham a nossa fé. Ele está conosco, exatamente como havia prometido: "Eu estou convosco todos os dias" (Mt 28,20).

Agora, rezo o salmo 23 (22) para reconhecer-te ao meu lado, ou melhor, dentro de mim, pastor e guia.

Tu estás sempre com algum de nós e com cada casal. Tua Palavra é certeza. Teu pão é confirmação e garantia. Devemos parar a cada momento para reavivar a fé em ti, presente onde quer que estejamos? Para entrar em contato contigo? Para apertar-te a mão que nos ofereces? Para escutar as palavras que sussurras? Para abrir-te a porta na qual estás batendo? Tu estás sempre conosco: estamos admirados e reconhecidos por essa tua presença? Em qual situação de nossa vida conjugal conseguimos reconhecer-te mais facilmente?

Para a vida

- "Eu caminho convosco todos os dias". Maria e José sabiam muito bem. Penso nas viagens deles para o Egito ou ao longo das estradas da Palestina com Jesus ou à sua procura. Jesus era o companheiro indispensável. Maria e José, reavivai em mim o frescor e a alegria dessa companhia!

- Neste mês, para reavivar a consciência da presença do Senhor na vida conjugal, teremos em casa uma lâmpada acesa ao lado do Evangelho aberto.

2

Jesus é o programa de vida

Sinto-me muito encorajado pelas palavras de João Paulo II, que me oferecem clareza e estímulo insistente para minha vida pessoal e familiar. Ele continua assim:

> Interrogamo-nos, animados de confiante otimismo, embora sem subestimar os problemas. Certamente não nos move a esperança ingênua de que possa haver uma fórmula mágica para os grandes desafios do nosso tempo; não será uma fórmula que nos vai salvar, mas uma pessoa, e a certeza que ela nos infunde: *Eu estarei convosco!* Sendo assim, não se trata de inventar um "programa novo". O programa já existe: é o mesmo de sempre, expresso no Evangelho e na Tradição viva. Concentra-se, em última análise, no próprio Cristo, que temos de conhecer, amar, imitar, para nele viver a vida trinitária e com ele transformar a história até à sua plenitude na Jerusalém celeste. É um programa que não muda com a variação dos tempos e das culturas... (NMI, n. 29).

À escuta

As palavras do papa nos orientam também na presente reflexão: Jesus é o programa de vida que nunca esmoreceu, nunca saiu de moda, sempre atual, sempre exigente e comprometido; um programa ao qual toda pessoa, em qualquer condição de vida, em qualquer povo a que pertença, de qualquer época, pode se referir e encontrar luz e plenitude. Queremos adentrar nesse brilhante pensamento abrindo o Evangelho, texto daquele programa.

Um programa para ser conhecido

Vem-me logo à mente a palavra eloqüente de João Batista: "Entre vós está alguém que vós não conheceis" (Jo 1,26). João está na margem esquerda do rio Jordão, onde proclama sua mensagem de conversão e preparação para a vinda do Messias. Há muita gente, porque são muitos, muitíssimos os que desejam abrir-se à verdade e conhecer o dom de Deus. Chegam também sacerdotes e levitas, enviados pelos fariseus de Jerusalém, para indagar sobre a legitimidade do novo pregador. Justamente para esses, João dirige a censura de não conhecerem o enviado de Deus. Releio agora aquelas palavras:

> Este é o testemunho de João, quando os judeus enviaram, de Jerusalém, sacerdotes e levitas para lhe perguntar: "Quem és tu?". Ele confessou e não negou; ele confessou: "Eu não sou o Cristo". Perguntaram: "Quem és, então? Tu és Elias?". Respondeu: "Não sou". "Tu és o profeta?" "Não", respondeu ele. Perguntaram-lhe: "Quem és afinal? Precisamos dar uma resposta àqueles que nos enviaram. Que dizes de ti mesmo?". Ele declarou:
> — Eu sou a voz de quem grita no deserto: "Endireitai o caminho para o Senhor!", conforme disse o profeta Isaías.

Eles tinham sido enviados da parte dos fariseus, e perguntaram a João: "Por que, então, batizas, se não és o Cristo, nem Elias, nem o profeta?". João lhes respondeu: "Eu batizo com água. Mas entre vós está alguém que vós não conheceis: aquele que vem depois de mim, e do qual eu não sou digno de desatar as correias da sandália!".
Isto aconteceu em Betânia, do outro lado do Jordão, onde João estava batizando (Jo 1,19-28).

Vejo-me no meio daqueles senhores da lei. Detenho-me para pedir perdão pelo conhecimento tão superficial, e às vezes tão mesquinho, acerca de Jesus por parte de nós, cristãos, sacerdotes e consagrados. Jesus não é reconhecido em suas obras, em suas palavras e no valor da sua altíssima personalidade (homem e Deus). E se é verdade que quem não conhece não ama, então há conseqüências graves, que precisam ser consideradas.

Na minha pausa, quero também me satisfazer e alegrar-me com aqueles que conhecem Jesus de tal maneira que o conhecimento se torna amizade plena e profunda, experiência intensa de vida. Penso novamente em João (cf. Jo 13,21-30), naquela tarde da última Ceia, quando "recostando-se sobre o peito de Jesus, perguntou: 'Senhor, quem é (que o vai trair)?'". Ele conhecia o seu Mestre, mas naquele encontro "físico" o seu conhecimento se elevou ao máximo, tanto que no mar da Galiléia ele será o primeiro a gritar: "É o Senhor!" (Jo 21,7). O apóstolo predileto revela também o segredo do conhecimento de Jesus: não somente aprender dele as palavras e os fatos, mas, sobretudo, confiar-se ao Espírito a fim de que seja guia para o conhecimento da verdade toda (Jo 16,13). E Jesus é a verdade (Jo 14,6).

Pensemos sobre o nosso conhecimento acerca de Jesus. Com que meios e subsídios ampliamos a aprendizagem das palavras e dos fatos sobre Jesus? Como a meditação da sua Palavra ajuda a nós, esposos, a entrar na sua amizade? A propósito, o que nos ensina o testemunho do apóstolo João? Nós, esposos, lemos juntos o Evangelho e compartilhamos as luzes que ele nos oferece para nossa vida?

Um programa para ser lembrado

Entendo o verbo *lembrar* no sentido de recordar o evangelho a todo instante durante o dia, de tal modo que ilumine toda ação e toda atitude. Então, penso que as palavras que Jesus proclamou na última Ceia podem me guiar; leio-as pensando em seu sentido e valor.

> Eu sou a videira verdadeira e meu Pai é o agricultor. Todo ramo que não dá fruto em mim, ele o corta; e todo ramo que dá fruto, ele o poda, para que dê mais fruto ainda. Vós já estais limpos por causa da palavra que vos falei. Permanecei em mim, e eu permanecerei em vós. Como o ramo não pode dar fruto por si mesmo, se não permanecer na videira, assim também vós não podereis dar fruto se não permanecerdes em mim. Eu sou a videira e vós, os ramos. Aquele que permanece em mim, como eu nele, esse dá muito fruto; pois sem mim, nada podeis fazer. Quem não permanecer em mim será lançado fora, como um ramo, e secará. Tais ramos são apanhados, lançados ao fogo e queimados. Se permanecerdes em mim, e minhas palavras permanecerem em vós, pedi o que quiserdes, e vos será dado. Nisto meu Pai é glorificado: que deis muito fruto e vos torneis meus discípulos. Como meu Pai me ama, assim também eu vos amo. Permanecei no meu amor. Se observardes os meus mandamentos, permanecereis no meu amor, assim como eu observei o que mandou meu Pai e permaneço no seu amor. Eu vos disse isso, para que a minha alegria esteja em vós, e a vossa alegria seja completa (Jo 15,1-11).

Estamos na conclusão daquela ceia tão especial e nova. Jesus realizou gestos "estranhos" e revolucionários (lavou os pés dos apóstolos, revelou as traições, disse palavras novas sobre o pão e o vinho, deu um mandamento novo). Um Jesus emocionado, comovido e zeloso pede que os discípulos "permaneçam nele", "no seu amor". Esse "permanecer", repetido muitas vezes, evidencia a obediência ao programa, que deve ser relembrado constantemente e com o qual se pode contar em qualquer circunstância. E isso não tanto como pensamento psicologicamente vivo, mas como realidade de amizade e união profunda: guardo Jesus na minha mente e no coração, porque estou profundamente unido a ele, graças à Palavra e à Eucaristia dos quais me alimentei.

Penso novamente nos três pequenos sinais-da-cruz (na testa, nos lábios e no peito) que fazemos antes de ouvir o Evangelho. São sinais de uma consagração da mente, dos lábios e da vida a Jesus Palavra. Agora, penso novamente em todas as vezes que Jesus se tornou presente em certas situações e iluminou minha vida, minha família e minhas escolhas; sei agradecer-lhe com alegria?

Um programa para ser seguido

Jesus não é uma idéia, uma teoria a ser decorada, mas uma pessoa viva, que caminha numa estrada, numa direção e com um estilo particulares. Seguem-no os primeiros apóstolos (Mc 1,17-18.20), Mateus (Lc 5,27-28), muita gente (Mt 8,1), o cego curado (Mc 10,52), algumas mulheres (Lc 8,1-3; 23,49), uma grande multidão (Lc 23,27). Jesus é o Pastor que caminha diante de seu rebanho (Jo 10,4), é o Mestre que instrui tanto sentado como caminhando. Insiro-me nessa multidão imensa que há mais de dois mil anos segue Jesus e ouço suas palavras: "Se alguém quer vir após mim, renuncie a si mesmo, tome sua cruz, cada dia, e siga-me" (Lc 9,23); "Dei-vos o exemplo, para que façais assim como eu fiz para vós" (Jo 13,15).

Seguir Jesus é caminhar com ele, fazer aquilo que ele fez, comportar-se como ele se comportou, partilhar de sua amizade. Jesus é realmente o modelo ao qual nos reportamos nos problemas familiares? Quando nos examinamos como esposos para compreender se caminhamos com ele e estamos em sintonia completa com ele até termos os mesmos sentimentos que ele (cf. Fl 2,5)?

Para a vida

- Observo Maria, com Jesus sempre nos braços. Ela tem bem presente o programa de Jesus e o vive intensamente. Fico perto dela e me deixo instruir por seu coração de mãe e de discípula generosa. E rezo com confiança: "Ó mãe, mostra-me Jesus". Rezo o salmo 5.

- Neste mês, para dar atenção à pessoa de Jesus, vamos expor em casa uma imagem significativa do rosto do Senhor, diante da qual nos detemos de vez em quando em oração.

3

Natal é Jesus, Palavra feita homem

Estou aqui, todo concentrado no meu presépio. Cada ano me proponho fazê-lo novo, para que expresse uma mensagem de profunda reflexão. Vem-me à mente o tema da paz, por causa dos graves rumores de guerra provenientes da África e de outros países, dos quais freqüentemente ninguém fala. Um outro pensamento me mostra navios carregados de refugiados, desesperados, na esperança de uma vida melhor. Depois, encontro uma família, que me lembra dos seus numerosos problemas de hoje. Penso, ainda, nos jovens das muitas jornadas mundiais.

Então, penso no presépio mais simples do mundo, que abrange todos esses temas: a gruta, a natividade, os pastores, a estrela, as ovelhas adoradoras, os magos e seus camelos; alguma casa aqui e acolá, o castelo de Herodes, as grutas, o lago com os peixes, o anjo, a paisagem característica de Belém.

À escuta

Diante desse presépio "habitual", mas sempre comovente, quero uma frase bonita e grande: "A Palavra se fez homem". Sim, porque aqui está todo o povo que compreendeu o projeto de Deus e também as expectativas da humanidade; aqui há pessoas que empenharam sua vida no acolhimento e na atuação da Palavra que lhes foi dirigida. Tento examiná-las, uma de cada vez.

Maria

Leio no evangelho de Lucas:

> Quando Isabel estava no sexto mês, o anjo Gabriel foi enviado por Deus a uma cidade da Galiléia, chamada Nazaré, a uma virgem prometida em casamento a um homem de nome José, da casa de Davi. A virgem se chamava Maria. O anjo entrou onde ela estava e disse: "Alegra-te, cheia de graça! O Senhor está contigo". Ela perturbou-se com essas palavras e começou a pensar qual seria o significado da saudação. O anjo, então, disse: "Não tenhas medo, Maria! Encontraste graça junto a Deus. Conceberás e darás à luz um filho, e lhe porás o nome de Jesus. Ele será grande; será chamado Filho do Altíssimo, e o Senhor Deus lhe dará o trono de Davi, seu pai. Ele reinará para sempre sobre a descendência de Jacó, e o seu reino não terá fim". Maria, então, perguntou ao anjo: "Como acontecerá isso, se eu não conheço homem?". O anjo respondeu: "O Espírito Santo descerá sobre ti, e o poder do Altíssimo te cobrirá com a sua sombra. Por isso, aquele que vai nascer será chamado santo, Filho de Deus. Também Isabel, tua parenta, concebeu um filho na sua velhice. Este já é o sexto mês daquela que era chamada estéril, pois para Deus nada é impossível". Maria disse: "Eis aqui a serva do Senhor! Faça-se em mim segundo a tua palavra". E o anjo retirou-se (Lc 1,26-38).

Maria tem seus projetos. Belos, sonhados com José. O anjo lhe leva a mensagem de Deus. Depois de um breve esclarecimento, a moça confia a Deus toda sua disponibilidade: "Eis a serva do Senhor! Faça-se em mim segundo a tua palavra" (v. 38). Maria é "bem-aventurada" porque acreditou no cumprimento daquilo que o Senhor lhe disse (Lc 1,45). Maria não tem outro projeto de vida, não tem outro critério de orientação e de referência: a Palavra de Deus! Aprendeu bem, tão bem que aos servos de Caná (e, portanto, a nós) repete: "Fazei tudo o que ele vos disser" (Jo 2,5).

A Palavra de Deus é um valor fundamental, insubstituível: que importância tem para nossa vida conjugal? É realmente a lâmpada que ilumina os meus passos e os da minha família, do meu trabalho ou profissão?

José

Abro o evangelho de Mateus:

Ora, a origem de Jesus Cristo foi assim: Maria, sua mãe, estava prometida em casamento a José e, antes de passarem a conviver, ela encontrou-se grávida pela ação do Espírito Santo. José, seu esposo, sendo justo e não querendo denunciá-la publicamente, pensou em despedi-la secretamente. Mas, no que lhe veio esse pensamento, apareceu-lhe em sonho um anjo do Senhor, que lhe disse: "José, Filho de Davi, não tenhas receio de receber Maria, tua esposa; o que nela foi gerado vem do Espírito Santo. Ela dará à luz um filho, e tu lhe porás o nome de Jesus, pois ele vai salvar o seu povo dos seus pecados".

Tudo isso aconteceu para se cumprir o que o Senhor tinha dito pelo profeta: "Eis que a virgem ficará grávida e dará à luz um filho, ele será chamado pelo nome de Emanuel, que significa: Deus-conosco".

Quando acordou, José fez conforme o anjo do Senhor tinha mandado e acolheu sua esposa. E, sem que antes tivessem mantido relações conjugais, ela deu à luz o filho. E ele lhe pôs o nome de Jesus.

O anjo do Senhor apareceu em sonho a José e lhe disse: "Levanta-te, toma o menino e sua mãe e foge para o Egito! Fica lá até que eu te avise, porque Herodes vai procurar o menino para matá-lo".

José levantou-se de noite, com o menino e a mãe, e retirou-se para o Egito; e ficou lá até à morte de Herodes. Assim se cumpriu o que o Senhor tinha dito pelo profeta: "Do Egito chamei o meu filho".

Quando Herodes morreu, o anjo do Senhor apareceu em sonho a José no Egito, e lhe disse: "Levanta-te, toma o menino e sua mãe, e volta para a terra de Israel; pois já morreram aqueles que queriam matar o menino". Ele levantou-se com o menino e a mãe, e entrou na terra de Israel. Mas quando soube que Arquelau reinava na Judéia, no lugar de seu pai Herodes, teve medo de ir para lá. Depois de receber em sonho um aviso, retirou-se para a região da Galiléia e foi morar numa cidade chamada Nazaré. Isso aconteceu para se cumprir o que foi dito pelos profetas: "Ele será chamado Nazareno" (Mt 1,18-25; 2,13-15.19-23).

Contemplo José, um homem de poucas palavras, mas "de palavra", no Egito e além. O homem que, diante do mistério manifestado de Deus, quer humildemente ficar de fora porque não se sente digno. Porém, desde que recebeu a palavra do anjo, tornou-se o homem do "fez como" (Mt 1,24; 2,14.21-22), o homem da resposta fiel a Deus nos fatos, em situações normais ou complexas, alegres ou tristes: nunca voltou atrás.

Senhor, com as promessas, somos realmente valentes. Também nós te fazemos muitas delas quando meditamos o Evangelho pela manhã. Mas depois... os fatos? Esquecemos, não temos vontade, adiamos... O que impede que nós, esposos, coloquemos em prática a mensagem que o Senhor fez ressoar em nosso coração?

O Menino

Abro a carta aos Hebreus no capítulo 10,5-10:

Por esta razão, ao entrar no mundo, Cristo declara:
"Não quiseste vítima nem oferenda,
mas formaste um corpo para mim.
Não foram do teu agrado holocaustos
nem sacrifícios pelo pecado.
Então eu disse: eis que eu vim,
ó Deus, para fazer a tua vontade,
como no livro está escrito a meu respeito".

Na frase inicial, ele disse: "Não quiseste nem foram do teu agrado vítimas e oferendas, holocaustos e sacrifícios pelo pecado" – coisas oferecidas segundo a Lei. E então declarou: "Eis que vim para fazer a tua vontade". Com isso, ele suprime o primeiro sacrifício, para estabelecer o segundo. É em virtude desta vontade que somos santificados pela oferenda do corpo de Jesus Cristo, realizada uma vez por todas.

Jesus afirma mais vezes que por si só não pode fazer nada. E especifica: "O que eu ouvi dele [o Pai] é o que eu falo ao mundo". Nada faço por mim mesmo, mas falo apenas aquilo que o Pai me ensinou. Aquele que me enviou está comigo. Ele não me deixou sozinho, porque eu sempre faço o que é do seu agrado (Jo 8,26.28-29). Jesus, por sua grande sabedoria, mesmo podendo fazer sozinho, preocupou-se ("O meu alimento é...", Jo 4,34) em fazer a vontade do Pai. Nasce menino, fraco, indefeso. Mistura-se aos pecadores até tornar-se ele mesmo pecado, humanamente irreconhecível, esmagado pelo pecado e pela morte; mas, por sua fidelidade, tornou-se fonte de vida e ressurreição para todos.

A fidelidade à Palavra pode ser exigente. Quando encontramos obstáculos em nós, quando somos perseguidos por outros, escolhemos uma fidelidade que floresce nos entusiasmos, ou aquela que mesmo na dor ou no cansaço nos faz suportar? Onde procuramos e encontramos, nós, esposos, a força para sermos fiéis à Palavra, em cada momento?

Os anjos

Leio Lucas 2,8-14.

Havia naquela região pastores que passavam a noite nos campos, tomando conta do rebanho. Um anjo do Senhor lhes apareceu, e a glória do Senhor os envolveu em luz. Os pastores ficaram com muito medo. O anjo então lhes disse: "Não tenhais medo! Eu vos anuncio uma grande alegria, que será também a de todo o povo: hoje, na cidade de Davi, nasceu para vós o Salvador, que é o Cristo Senhor! E isto vos servirá de sinal: encontrareis um recém-nascido, envolto em faixas e deitado numa manjedoura". De repente, juntou-se ao anjo uma multidão do exército celeste cantando a Deus: "Glória a Deus no mais alto dos céus, e na terra, paz aos que são do seu agrado!".

Três anjos têm nome; os da gruta não! A palavra "anjo" quer dizer notícia, projeto. Os que estão sobre a gruta trazem a bela notícia de que nasceu o Salvador do mundo. Uma bela notícia anunciada a pessoas (os pastores) que de fé não entendiam muito e em relação à moralidade deixavam muito a desejar. E eles cantam de alegria, com toda a assembléia celeste, porque a notícia se espalha.

Mas a notícia de Deus, a sua Palavra, não pode ser detida em nenhum de nós: devemos comunicá-la, fazer com que seja conhecida com alegria e entusiasmo, com as palavras e com as obras da vida. Devemos também nos tornar notícia viva. De que modo nós, pessoas, casais, família, difundimos o Evangelho?

Os pastores

Procuro em Lucas 2,15-20:

Quando os anjos se afastaram deles para o céu, os pastores disseram uns aos outros: "Vamos a Belém, para ver a realização desta palavra que o Senhor nos deu a conhecer". Foram, pois, às pressas a Belém e encontraram Maria e José, e o recém-nascido deitado na manjedoura. Quando o viram, contaram as palavras que lhes tinham sido ditas a respeito do menino. Todos os que ouviram os pastores ficavam admirados com aquilo que contavam. Maria, porém, guardava todas estas coisas, meditando-as no seu coração.

Os pastores retiraram-se, louvando e glorificando a Deus por tudo o que tinham visto e ouvido, de acordo com o que lhes tinha sido dito.

Esses pastores, pouco considerados pelos habitantes de Belém, acreditam nas palavras dos anjos. Põem-se a caminho "às pressas" para a gruta, levam presentes, fazem festa para aquela família "especial" e gritam a todos tudo o que viram e ouviram. Às pressas, também os dois discípulos de Emaús (Lc 24,33) voltaram atrás, até Jerusalém!

Este "às pressas" faz-me pensar em nossos "se", "mas", "não exageremos", "não sejamos fanáticos", "amanhã eu faço" etc. As mensagens da Palavra de Deus são claras e precisas, e exigem uma adesão imediata e intensa, rapidamente. Quais freios retardam ou fazem cair as decisões nascidas da Palavra, meditada conjuntamente em casa?

Os magos

Escuto Mateus 2,1-12:

Depois que Jesus nasceu na cidade de Belém da Judéia, na época do rei Herodes, alguns magos do Oriente chegaram a Jerusalém, perguntando: "Onde está o rei dos judeus que acaba de nascer? Vimos a sua estrela no Oriente e viemos adorá-lo". Ao saber disso, o rei Herodes ficou alarmado, assim como toda a cidade de Jerusalém. Ele reuniu todos os sumos sacerdotes e os escribas do povo, para perguntar-lhes onde o Cristo deveria nascer. Responderam:

"Em Belém da Judéia, pois assim escreveu o profeta:

'E tu, Belém, terra de Judá,
de modo algum és a menor entre as
principais cidades de Judá,
porque de ti sairá um príncipe
que será o pastor do meu povo, Israel'".

Então Herodes chamou, em segredo, os magos e procurou saber deles a data exata em que a estrela tinha aparecido. Depois, enviou-os a Belém, dizendo: "Ide e procurai obter informações exatas sobre o menino. E, quando o encontrardes, avisai-me, para que também eu vá adorá-lo". Depois que ouviram o rei, partiram. E a estrela que tinham visto no Oriente ia à frente deles, até parar sobre o lugar onde estava o menino. Ao observarem a estrela, os magos sentiram uma alegria muito grande. Quando entraram na casa, viram o menino com Maria, sua mãe. Ajoelharam-se diante dele e o adoraram. Depois, abriram seus cofres e lhe ofereceram presentes: ouro, incenso e mirra. Avisados em sonho para não voltarem a Herodes, retornaram para a sua terra, passando por outro caminho.

Esses sábios vêm de longe. De fato, fazem-me descobrir outros dois elementos sobre a Palavra de Deus: de um lado, a luz da estrela (*o dom do Espírito Santo*) que esclarece ao meu coração o que a Palavra diz; de outro, a exigência de se converter, isto é, de mudar o comportamento quando a Palavra me pede para fazê-lo. Com decisão, sem medo de nada.

É importante aprofundar o Evangelho, valendo-se de anotações, pequenos subsídios e estudos, aprofundamentos. Mas é determinante a luz do Espírito e a clareza no confronto com a vida: que espaço damos à oração ao Espírito Santo? Depois de ter encontrado Jesus, como se renova a nossa vida conjugal?

O papa diz:

> Este primado da santidade e da oração só é concebível a partir de uma renovada escuta da Palavra de Deus. É necessário que a escuta da Palavra se torne um encontro vital, segundo a antiga e sempre válida tradição da *lectio divina*: esta permite ler o texto bíblico como palavra viva que interpela, orienta, plasma a existência pessoal e familiar (NMI, n. 39).

Para a vida

- Contemplo os personagens do meu presépio. No seu silêncio, todos proclamam a mesma mensagem:

"A Palavra se faz carne, hoje, em você. E você, o que acha?". Detenho-me longamente, medito, rezo, louvo, estou em paz, decido que a Palavra possa nascer nas opções e nos comportamentos de vida.

Rezo o salmo 119(118),1-16.

- Neste mês, para colocar a Palavra no centro de nossa vida, leremos o evangelho do dia com a família reunida.

4

Jesus ensina a rezar

"Um dia, Jesus estava orando num certo lugar" (Lc 11,1). É um dos refrões freqüentes que o terceiro evangelista repete a propósito da atividade apostólica de Jesus. Ele dedicava muito tempo à oração, apesar do muito trabalho que tinha a seu redor. As multidões sedentas de instrução o assediavam, os doentes e os pobres procuravam nele cura e salvação, os discípulos nunca o deixavam sozinho; no entanto, Jesus sabia encontrar o modo e o tempo de subtrair-se a essa caridade para dedicar-se à oração, ao encontro com o Pai.

À escuta

Eu também quero estar na companhia de Jesus, na sua escola. Porque o papa, nas suas prioridades pastorais, afirma:

> [...] para esta pedagogia da santidade, há necessidade de um cristianismo que se destaque principalmente pela arte da oração. A oração, como bem sabemos, não se pode dar por suposta; é necessário aprender a rezar, voltando sempre de novo a conhecer essa arte dos próprios lábios do divino

Mestre, como os primeiros discípulos: "Senhor, ensina-nos a orar" (cf. NMI nn. 32-34).

Jesus ora: a prioridade

Percorrendo, sobretudo, o evangelho de Lucas, encontro Jesus que ora no momento do batismo (3,21), quando o povo o procura (5,16), antes de escolher os apóstolos (6,12), antes da confissão de Pedro (9,18), antes da transfiguração (9,28-29), antes da paixão (22,41), na cruz (23,34.46). Jesus dá à oração uma prioridade absoluta. Antes de decidir qualquer coisa, antes de acontecimentos importantes, ele fica em colóquio com o Pai, porque diz: "Nada faço por mim mesmo, eu sempre faço o que é do seu agrado" (Jo 8,26.28-29).

Se Jesus, sem pecado e cheio do Espírito Santo, recolhe-se em oração antes de decidir ou agir, muito mais nós, pecadores e com pouco discernimento, deveríamos rezar. Reservo à oração o primeiro lugar, toda vez que eu, sozinho(a) ou com minha(meu) mulher(marido) ou com minha família ou com a minha comunidade, devo escolher a opção certa sobre que fazer ou como agir? Que espaço reservamos à oração, enquanto vivemos situações importantes (um serviço pastoral, uma doença, uma reunião de trabalho etc.)?

Jesus ora: tempos e ritmos precisos

Para Jesus, qualquer hora do dia era boa para rezar. Logo de manhã, quando ainda estava escuro (Mc 1,35); enquanto realiza os milagres (Jo 6,11); quando lhe levam crianças (Mt 19,13); antes do encontro com os gregos (Jo 12,27-28). Escolhe os lugares apropriados: preferivelmente os montes, a solidão do campo aberto ou o reservado do próprio quarto (Lc 6,12; Mc 6,46; Lc 9,28); ou, ainda, uma gruta para se abrigar do calor. Mas, sobretudo, Jesus reza à noite (Lc 6,12): "Depois de despedir as multidões, subiu à montanha, a sós, para orar. Anoiteceu, e Jesus continuava lá, sozinho" (Mt 14,23); e somente nas últimas horas da noite, vai ao encontro dos discípulos apavorados pela tempestade (Mt 14,25).

Impressiona-me ler tantas vezes no Evangelho que Jesus está orando, está isolado para orar, sobe ao Tabor ou desce à gruta do Pater noster e ora longamente. Ele, o novo Adão, dá ao Pai os louvores que toda a humanidade é chamada a oferecer "em espírito e em verdade", oração humilde e confidente, cotidiana e contínua; coração cheio de amor e de intercessão por todas as pessoas, também pelos inimigos; braços elevados para acolher o abraço do Pai e para confiar-se ao seu amor. De quais destas características a nossa oração conjugal ou familiar mais precisa?

Jesus ora: um estilo

Abro o evangelho de Lucas e leio o capítulo 10,21-22:

Naquela mesma hora, ele exultou no Espírito Santo e disse: "Eu te louvo, Pai, Senhor do céu e da terra, porque escondeste essas coisas aos sábios e entendidos e as revelaste aos pequeninos. Sim, Pai, assim foi do teu agrado. Tudo me foi entregue por meu Pai, e ninguém conhece o Filho, a não ser o Pai; e ninguém conhece o Pai, a não ser o Filho e aquele a quem o Filho o quiser revelar".

Os setenta e dois discípulos tinham apenas retornado da missão: estão cheios de alegria pelas maravilhas que viram realizar-se diante dos seus olhos. Jesus está feliz como uma criança, cheio do Espírito de amor: atira-se nos braços do Pai e, cheio de alegria, o louva e o bendiz: "Sim, Pai".

O estilo da oração, compreendo, é o amor e não a consciência do dever, é a consciência de ser filho amado. Há um abismo entre a oração de Jesus e a dos fariseus e, talvez, também da nossa. Jesus pede que se passe de uma oração legalista, formal, para uma oração que expresse confiança e ternura para com o Pai: de que forma vivemos essa passagem na oração do casal?

Jesus ensina o pai-nosso

Agora detenho-me para ler Mateus 6,5-15:

Quando orardes, não sejais como os hipócritas, que gostam de orar nas sinagogas e nas esquinas das praças, em posição de serem vistos pelos outros. Em verdade vos digo: já receberam a sua recompensa. Tu, porém, quando orares, entra no teu quarto, fecha a porta e ora ao teu Pai que está no escondido. E o teu Pai, que vê no escondido, te dará a recompensa.

Quando orardes, não useis de muitas palavras, como fazem os pagãos. Eles pensam que serão ouvidos por força das muitas palavras. Não sejais como eles, pois o vosso Pai sabe do que precisais, antes de vós o pedirdes.

Vós, portanto, orai assim:
Pai nosso que estás nos céus,
santificado seja o teu nome;
venha o teu Reino;
seja feita a tua vontade,
como no céu, assim também na terra.
O pão nosso de cada dia dá-nos hoje.
Perdoa as nossas dívidas,
assim como nós perdoamos aos que nos devem.
E não nos introduzas em tentação,
mas livra-nos do Maligno.

De fato, se vós perdoardes aos outros as suas faltas, vosso Pai que está nos céus também vos perdoará. Mas, se vós não perdoardes aos outros, vosso Pai também não perdoará as vossas faltas.

Estamos no discurso programático "da montanha". A bem-aventurança dos puros de coração que verão a Deus passa pela oração. Aqui encontro luzes especiais sobre a oração. Jesus, a bem da verdade, deixou muitos ensinamentos sobre a oração (cf. Lc 11,1-13; 18,1-14; Mt 18,20), mas aqui há uma espécie de síntese: a oração como diálogo de amor com o Pai, a oração que nasce de um coração em paz com todos, a oração aberta ao projeto de Deus e às exigências do mundo, a oração que liberta e dá força. E, depois, o modelo de toda oração: o *pai-nosso*.

Observo humildemente os tempos e as expressões da minha oração pessoal ou da nossa oração em família. O que entendo é que, muitas vezes, não é oração de filho, não é oração do coração, não é gratuita, confiante, não é oração que nasce de um coração livre e aberto para o mundo. Com o meu cônjuge, fico pedindo perdão, como o publicano (cf. Lc 18,9-14): "Deus, tem piedade de mim pecador", deixando as palavras saírem não da cabeça, mas do coração.

Jesus ora na dor

Posso meditar Lucas 22,39-46 para entender, especialmente, como Jesus se confia à vontade do Pai e com o seu amor transforma um fato de dor em uma ocasião de salvação para todos.

Jesus saiu e, como de costume, foi para o monte das Oliveiras. Os discípulos o acompanharam. Chegando ao lugar, Jesus lhes disse: "Orai para não cairdes em tentação". Então afastou-se dali, a distância de um arremesso de pedra, e, de joelhos, começou a orar. "Pai, se quiseres, afasta de mim este cálice; contudo, não seja feita a minha vontade, mas a tua!". Apareceu-lhe um anjo do céu, que o fortalecia. Entrando em agonia, Jesus orava com mais insistência. Seu suor tornou-se como gotas de sangue que caíam no chão. Levantando-se da oração, Jesus foi para junto dos discípulos e encontrou-os dormindo, de tanta tristeza. E perguntou-lhes: "Por que estais dormindo? Levantai-vos e orai, para não cairdes em tentação".

Jesus ora pela unidade

Abro o evangelho de João, no capítulo 17, e descubro que Jesus é o mediador que sempre intercede por nós junto ao Pai para pedir o dom da unidade: "Que sejam uma coisa só como nós, para que o mundo creia". Leio com calma todo o capítulo e procuro entrar na oração de Jesus.

Conforta-me saber que Jesus orou e ora também hoje pela nossa unidade de cônjuges? Com quais meios procuramos fazer crescer essa unidade entre nós?

Para a vida

- Ponho-me em oração. Encontro um lugar bem recolhido, deixo de lado qualquer outro pensamento, coloco-me na presença de Deus, em companhia de Jesus, para viver um colóquio intenso com o Pai. Deixo-me ajudar por algumas expressões do Evangelho:

"Senhor, tu sabes que te amo" (Jo 21,16);

"Ó Deus, tende piedade de mim, pecador" (Lc 18,13);

"Eu te louvo, Pai, Senhor do céu e da terra" (Mt 11,25);

"Sim, Pai" (Mt 11,26);

"*Rabûni*, meu Mestre, que eu veja" (Mc 10,51);

"*Abbá!*, Pai! Tudo é possível para ti" (Mc 14,36);

"Pai, em tuas mãos entrego o meu espírito" (Lc 23,46).

- Neste mês, propomo-nos cuidar da oração em comum ou da oração antes das refeições.

5

Jesus encarna a Palavra

Quando penso em Jesus, logo o imagino como aquele que anuncia a Boa-Nova. Ele é a Palavra feita "carne", existência concreta na fragilidade da natureza humana.

> No princípio era a Palavra,
> e a Palavra estava junto de Deus,
> e a Palavra era Deus.
> E a Palavra se fez carne
> e veio morar entre nós (Jo 1,1.14).

Assim João logo nos faz compreender que Jesus, na sua existência trinitária, é a transparência do Pai. Ser o revelador do Pai não é somente a tarefa terrena, missionária, de Jesus, mas a identidade profunda da sua pessoa.

À escuta

O papa nos convida "a partir de uma renovada escuta da Palavra de Deus"; a "alimentar-nos da Palavra para sermos servos da Palavra" (cf. NMI nn. 39-40); a assumir a posição de Maria de Betânia "a qual se sentou aos pés do Senhor e escutava a sua Palavra" (Lc 10,39) e de Maria de

Nazaré, que "guardava todas estas coisas, meditando-as no seu coração" (Lc 2,19). Essa posição não é fechamento egoísta na intimidade com o próprio Deus e Senhor, mas reabastecimento necessário para realizar com fidelidade a tarefa: "Ide pelo mundo inteiro e anunciai a Boa-Nova a toda criatura!" (Mc 16,15).

Jesus escuta a Palavra

Devemos interrogar o evangelista João para colher da boca de Jesus algumas expressões que o revelam muito atento às Palavras do Pai.

> O meu ensinamento não é de mim mesmo, mas daquele que me enviou. Se alguém quiser fazer-lhe a vontade, saberá se meu ensinamento é de Deus ou se falo por mim mesmo. O que eu ouvi dele é o que eu falo ao mundo [...]. Falo apenas aquilo que o Pai me ensinou. A palavra que ouvis não é minha, mas do Pai que me enviou (Jo 7,16-17; 8,26.28; 14,24).

Os evangelhos atestam várias vezes que a voz do Pai se manifesta claramente a Jesus: em Jerusalém, durante a festa (Jo 12,28), no momento do batismo (Mt 3,17) ou da transfiguração (Lc 9,35). Penso que também os muitos momentos de solidão de Jesus no monte ou em lugares afastados são diferenciados por colocar-se amorosamente à escuta do Pai, em silêncio de adoração diante de sua Palavra.

Jesus não anuncia palavras suas, mas as ouvidas do Pai. Escuta o Pai direta e indiretamente através das mil formas de revelação que lhe falam dele. Jesus escuta, acolhe em silêncio e faz sua a mensagem. Quando nos convenceremos de que o verdadeiro crente é aquele que sabe "escutar"? Como sabemos, nós, esposos, discernir e acolher a voz do Pai que nos chega em muitas manifestações: o céu estrelado, as flores, as crianças, o pobre, aquele que chora e sofre, o vizinho, o estrangeiro, o sacerdote, e, sobretudo, a Palavra contida nas Escrituras? Quais são os tempos, os modos, as características do nosso escutar Deus, que nos fala através do nosso cônjuge?

Jesus vive a Palavra

Jesus é santo, inteligente, equilibrado, e poderia muito bem virar-se sozinho. Não precisaria dos conselhos de ninguém. No entanto, há alguns trechos que nos fazem compreender que realmente ele é "Palavra feita carne", isto é, a Palavra de Deus Pai, que em Jesus se faz existência concreta, ou melhor, ele mesmo é essa Palavra tornada vida humana; uma vida humana em toda a sua fragilidade, fraqueza, como se revela, sobretudo, na paixão. Desde quando tinha doze anos, Jesus sabe que deve "cuidar das coisas do Pai" (Lc 2,49); ou melhor, faz disso sua razão de vida: "O meu alimento é fazer a vontade daquele que me enviou e levar a termo a sua obra" (Jo 4,34); não volta atrás nem mesmo na dolorosa paixão: "Pai, se quiseres, afasta de mim este cálice; contudo, não seja feita a minha vontade, mas a tua!" (Lc 22,42), e na cruz pode confirmar: "Tudo está consumado" (Jo 19,30). Os apóstolos reconheceram que ele "fez e ensinou" (Lc 1,1; 24,19), em que está claro que o ensinamento segue a prática.

Jesus se apresenta como Palavra viva. Ele é o Evangelho vivo, concreto: suas palavras descrevem aquilo que ele realiza. Como sacerdote, consagrado, esposo(a), pai/mãe, filho(a), sou convidado a escutar o Evangelho e a colocá-lo em prática para entrar na bem-aventurança de Maria e dos verdadeiros discípulos (Lc 11,28), e, finalmente, anunciá-lo. Como vivemos a coerência entre aquilo que captamos da Palavra e o que depois nos é requisitado nas tarefas cotidianas, no nosso dever, nos serviços, nos relacionamentos com as pessoas? A vida em família, como casal, os nossos comportamentos, de fato, quais aspectos do Evangelho expressam?

Jesus anuncia a Palavra

Jesus é a Palavra do Pai para a humanidade. Depois de trinta anos oculto em Nazaré, o Filho de Deus se revela como carta de amor para o mundo. De fato, "Jesus veio para a Galiléia, proclamando a Boa-Nova de Deus: completou-se o tempo, e o Reino de Deus está próximo. Convertei-vos e crede na Boa-Nova" (Mc 1,14.15). Os evangelistas repetem como refrão: "Jesus percorria toda a Galiléia, ensinando nas sinagogas, anunciando a Boa-Nova do Reino" (Mt 4,23; 9,35; Mc 1,39; Lc 4,15.44). Jesus anuncia continuamente o Evangelho do amor do Pai e do chamado a se tornarem filhos de Deus (Jo 1,12) a todos, inclusive às crianças (Mt 19,13-15), com confiança (Mt 13,3-9), alegria (Mt 5,1-12), amor e misericórdia (Lc 15).

Jesus anuncia a si mesmo, "caminho, verdade e vida" (Jo 14,6), tendo em vista a salvação. Jesus Mestre devia ser comovente e esplêndido quando, na volta dos 72 discípulos da missão, "exultou no Espírito Santo" louvando ao Pai pelos mistérios "revelados aos pequeninos" (Lc 10,21); e quando uma mãe exclamou: "Feliz o ventre que te trouxe e os seios que te amamentaram" (Lc 11,27).

Jesus anuncia o Evangelho, semeia a Palavra como semeador generoso e confiante. Semeia e não olha os resultados. Semeia e espera, porque a semente é de ótima qualidade (produz criaturas novas, divinas); mas semeia solicitando uma resposta generosa e convidando a tornar-se anunciadores solícitos da Palavra recebida no próprio ambiente de vida: "Anuncia o

Evangelho em todo tempo" (2Tm 4,2); "Ai de mim se eu não anunciar o Evangelho" (1Cor 9,16): como nos achamos diante dessa mensagem urgente? Como vivemos a tarefa de esposos anunciadores do Evangelho por meio do nosso amor? Como vivemos essa mensagem na nossa casa e quando freqüentamos as casas dos outros?

Jesus confirma a Palavra

Leio a conclusão do evangelho de Marcos com imensa consolação: "Os discípulos foram anunciar a Boa-Nova por toda parte. O Senhor os ajudava e confirmava sua Palavra pelos sinais que a acompanhavam" (Mc 16,20). Jesus está na Palavra anunciada hoje pela Igreja, está no anunciador. Mais vivo e mais presente do que nunca, de modo misterioso, mas real e eficaz: "Eis que estou convosco todos os dias, até o fim dos tempos" (Mt 28,20). Jesus continua nos séculos e através dos ministros da Igreja e de seus discípulos, a proclamar aos homens de sempre o evangelho do amor de Deus e do seu projeto de salvação.

Através da Igreja, Jesus continua o anúncio do Evangelho. Também nós, como sacerdotes, catequistas, esposos, pais, como cristãos fiéis, participamos dessa missão profética, evangelizadora. Em quais ocasiões do dia nos é mais fácil parar e usufruir a viva e encorajadora presença de Jesus em nós, como os discípulos de Emaús? Como expressamos a confiança nele em nosso "semear" o Evangelho? Deixamo-nos guiar pelo Espírito Santo?

Para a vida

- O papa diz: "Quem verdadeiramente encontrou Cristo, não pode guardá-lo para si; tem de anunciá-lo.

É preciso um novo ímpeto apostólico" (NMI, n. 40). Jesus é o Mestre, sua palavra é "viva, eficaz e mais penetrante que qualquer espada de dois gumes" (Hb 4,12). Bastam esses dois ingredientes para se decidir pela confiança e pelo ímpeto apostólico.

Sento-me ao lado de Maria para meditar e com ela invoco o Espírito Santo. Rezo o salmo 19(18).

- Neste período, para nos alegrarmos com Jesus Mestre, procuremos escutar com especial atenção a liturgia da Palavra na missa e, sentados à mesa, procuremos compartilhar as impressões sobre a homilia.

6

Diante do Crucificado

É Sexta-feira Santa. Coloco-me diante do Crucificado. Quero estar muito tempo em contemplação: a coroa de espinhos, o sangue, as bofetadas, o corpo nu martirizado, os cravos, a chaga do lado com o rio de sangue e água. E o rosto, santo, radiante, em paz, do Vivente há pouco morto. É o papa que me pede para ter o olhar "mais que nunca fixo no rosto do Senhor" (cf. NMI nn. 16; 24-28).

Tenho, assim, a possibilidade de ler no Homem das dores o grande amor do Pai que doa o Filho (Jo 3,16), e do Filho que doa a si mesmo por mim e por todos (Jo 13,1). Para encontrar Jesus, deixo-me guiar por uma mulher. Marcos não me diz o seu nome. Não interessa: o importante é a grande sintonia entre essa mulher e Jesus; por isso, ela pode me ajudar a encontrá-lo, a contemplá-lo com os sentimentos certos.

À escuta

Abro o evangelho de Marcos, no capítulo 14. Faltam dois dias para a páscoa hebraica. Os chefes dos sacerdotes e os mestres da lei conspiram contra Jesus e decidem fazê-lo morrer. Nesse contexto de ódio, é realizado um gesto de amor incomum e inesperado. É uma mulher que o faz. As palavras que leio com calma me orientam na reflexão pascal.

> Quando Jesus estava sentado à mesa, em Betânia, em casa de Simão, o leproso, veio uma mulher com um frasco de alabastro cheio de perfume de nardo puro, muito caro. Ela o quebrou e derramou o conteúdo na cabeça de Jesus. Alguns que lá estavam ficaram irritados e comentavam: "Para que este desperdício de perfume? Este perfume poderia ter sido vendido por trezentos denários para dar aos pobres". E se puseram a censurá-la. Jesus, porém, lhes disse: "Deixai-a em paz. Por que a incomodais? Ela praticou uma boa ação para comigo. Os pobres, sempre os tendes convosco e podeis fazer-lhes o bem quando quiserdes. Mas a mim não tereis sempre. Ela fez o que estava a seu alcance. Com antecedência, ela embalsamou o meu corpo para a sepultura. Em verdade vos digo: onde for anunciado o Evangelho, no mundo inteiro, será mencionado também, em sua memória, o que ela fez".

Jesus se encontrava na casa de Simão, o leproso. Era um homem que o Mestre havia curado e que, em sinal de reconhecimento, o tinha convidado para uma refeição em sua casa e para festejar com os seus amigos. Certamente estavam lá também os discípulos, com muitas outras pessoas. Estavam sentados à mesa. O contexto me sugere festa, amizade, intimidade. Compartilhar as refeições é sinal de uma comunhão profunda. O meu pensamento vai a uma outra refeição que Marcos narra mais adiante (vv. 22-26), a última que Jesus vive com os seus: lá, para ser partido, não estará um frasquinho de perfume, mas o pão da vida.

Chega a mulher "com um frasco de alabastro..." (v. 3). Tento olhar as expressões do rosto dos presentes:

em todos há maravilha por seu aparecimento e os gestos dessa mulher; a cada passo que dá, diminui o vozerio, até se fazer grande silêncio. A mulher não diz nada, mas no silêncio diz tudo. Observo-a, enquanto quebra o frasco e depois faz descer o óleo na cabeça de Jesus: e, junto com o óleo que se espalha pelos cabelos e pela cabeça de Jesus, emana um perfume forte, intenso. É um gesto solene, tem sabor de consagração, de bênção: o seu gesto de amor diz que ela reconheceu em Jesus o Messias, enviado do Pai. Com o seu coração e a sua vida ela já pertence a ele, e por ele está pronta a dar tudo, também a vida.

Não há meias medidas, ou melhor, é um gesto desmedido, de desperdício. A mulher não guarda nada para si, nem o frasco vazio... mas, por que tanto desperdício? É realmente o gesto de uma louca e inútil generosidade! Mas é gesto de quem ama e não quer saber de mais nada.

É um gesto profético. Também Jesus na cruz ama assim, sob o signo do desperdício. Na cruz não há mais um frasco de alabastro, mas o corpo de Jesus que se quebra, e dele sai o bom perfume da graça, sangue e água, sinal da vida nova, do batismo, da eucaristia, do amor sem medida.

Na casa de Simão, muitos gritam contra o desperdício e se irritam (vv. 4-5) e Jesus defende a mulher: aquele desperdício é uma obra boa que será contada "no mundo inteiro, onde for anunciado o Evangelho" (vv. 6.8-9). Essa mulher é uma verdadeira discípula de Jesus: há uma grande sintonia entre os dois, entre o pensamento de Jesus e o da mulher, entre os critérios dele e os dela, ambos sob o signo da abundância, do desperdício, do dom total; por isso, o gesto da mulher se torna "evangelho", boa notícia, amor que se faz dom sem reservas, sem deixar nada para si, como Jesus na cruz.

Agora, fico em recolhimento, para aprofundar alguns pontos, tirados da Palavra escutada ou das reflexões seguintes. Deixo-me tocar e iluminar em profundidade.

"Por que todo esse desperdício...?"

A mulher traz um perfume extremamente puro e raro (Plínio, o Velho, fala de nardo como uma essência cara proveniente do Himalaia). Somente o amor a impele a quebrar o frasco e a derramar o seu conteúdo na cabeça de Jesus. Realmente exagerou! Também Jesus deu tudo de si. Doou-se a si mesmo em mil gestos de amor, perdão, acolhimento, mas não lhe foi suficiente e não conservou nada para si: deu a sua vida por mim na cruz, dom que repete em cada eucaristia. Por que Jesus se "desperdiçou" na cruz? Poderia ainda ficar muitos anos com os seus, continuar a falar a todos do amor do Pai, curar ainda muitos doentes, poderia... no entanto, a sua lógica foi e é muito diferente da minha.

Com quais sentimentos contemplo o Crucificado, solicitado pelos gestos da mulher de Betânia? Na família, como vivemos o dom de nós mesmos? Conseguimos doar o tempo, o apoio, a amizade... sem condições, gratuitamente, ou nos limitamos a fazê-lo quando se trata de coisas "razoáveis"?

"Estavam irritados com ela"

Entre os que gritam contra o desperdício, certamente estou também eu. Na mentalidade comum, parece "uma ofensa à pobreza", por exemplo, o "tempo perdido" porque improdutivo, dedicado a estar com os outros quando, ao contrário, poder-se-ia utilizar em "coisas mais úteis", quando se permanece por muito tempo orando enquanto há tanto a fazer, quando se dedica o tempo à formação pessoal enquanto é preciso ter os pés no chão. Talvez, ainda, o Senhor esteja me esperando para encontrar-me justamente lá, através de pessoas e dos fatos que "me fazem perder tempo".

O que impede que nós, esposos, fiquemos juntos sozinhos, ou também com outros casais, em encontros "gratuitos", aparentemente improdutivos? Sabemos parar de maneira igualmente gratuita diante de Jesus na oração? Como vemos a "comunhão" com as consagradas, sobretudo as religiosas de clausura?

"O Evangelho será anunciado no mundo inteiro"

O gesto realizado por essa mulher, diz Jesus, é boa notícia, é evangelho que todo o mundo conhecerá. Toda vez que se realiza um gesto gratuito de amor, um ato de bondade sem esperar reconhecimento, um dom discreto e humilde, a violência é quebrada, a tristeza consolada, a rotina cotidiana se ilumina e produz uma energia positiva que invade toda a humanidade: o evangelho da mulher se torna vivo e atual.

De que maneira transmitimos a boa notícia do Evangelho a quem está perto de nós? Como vivemos a disponibilidade e a atenção para com os outros? Entre nós, esposos, como acolhemos um do outro a "boa notícia" da fé e nos alegramos com o "bom perfume" do amor que se faz dom através dos gestos concretos de serviço, gratuidade, ternura...?

Para a vida

- Agora, tento me separar dos muitos que se irritaram com o "desperdício" do frasco e me aproximo dessa mulher sem nome, silenciosa, que emana o bom perfume do dom e da gratuidade. Ela pode me conduzir pela mão para junto de Jesus, pode ajudar-me a olhar o seu rosto divino e deixar-me invadir pela luz e pelo amor que emana dele. Ele está lá na cruz, com o corpo despedaçado.

Perto de nós, há uma outra mulher, Maria de Nazaré, também ela mulher da superabundância, do dom total de si ao Pai e à humanidade, junto com o Filho. Fico em silêncio adorador e contemplo a desmesura do dom, do amor, do perfume de vida e de esperança que jorra do Crucificado. Ele não reservou nada para si. Na cruz, é o mais pobre de todos os pobres: não tem perto de si os seus amigos e até grita o abandono do Pai. Fica na cruz porque foi entregue em lugar dos Barrabás (*Bar-Abba* = Filho do Pai) de todos os tempos, até que cada filho do Pai fosse libertado da escravidão e transferido para a liberdade e para a glória dos filhos de Deus.

"Deu-se a si mesmo por mim! Gratuitamente! Unicamente por uma loucura de amor".

Rezo o salmo 17(16).

- Neste mês, nós nos propomos a amar-nos de modo gratuito, começando por pequenos gestos recíprocos feitos somente por amor.

7

Jesus nos precede com os seus dons

Estamos vivendo os dias santos da Páscoa de Jesus. Lendo os evangelhos destes dias, saltou-me aos olhos um aspecto muito significativo e consolador: Jesus muitas vezes parte primeiro, sem sequer ser interpelado.

É ele que provoca Maria Madalena: "Mulher, por que choras? Quem procuras?", até chamá-la pelo nome (Jo 20,15-16). É ele quem por bem vai duas vezes ao Cenáculo até os apóstolos ainda apavorados e medrosos (Jo 20,19.20.26). Vai por sua iniciativa, cheio de dons: "A paz esteja convosco. Como o Pai me enviou, também eu vos envio". Então, soprou sobre eles e falou: "Recebei o Espírito Santo. A quem perdoardes os pecados, serão perdoados; a quem os retiverdes, ficarão retidos" (Jo 20,22-23). É ainda ele quem, na praia do lago, precede os apóstolos e se preocupa em preparar-lhes o que comer: "Já de manhã, Jesus estava aí na praia". Convida-os a lançar a rede do lado direito da barca e, quando chegaram à terra "viram umas brasas preparadas, com peixe em cima e pão" (Jo 21,4.6.9).

Mas, sobretudo, é muito consolador para mim, para a minha vida, o que Lucas diz a respeito de Jesus em relação aos discípulos de Emaús: "O próprio Jesus se aproximou e começou a caminhar com eles" (24,15). Ele toma a iniciativa, põe-se do lado dos dois homens e com eles percorre toda a estrada até sua casa, ou melhor, até dentro de casa, onde permanece com eles. Em todos esses casos, o Senhor não só chega primeiro, mas precede trazendo os seus dons.

À escuta

Seguindo a Palavra de Deus, procuro outra luz para os pensamentos que vão se desenvolvendo no meu coração.

Jesus toma a iniciativa

Parece-me muito importante tomar nota desta verdade: Jesus chega antes de mim. Assim, quando chego ao trabalho, ele já está presente com todas as graças necessárias para que eu possa realizá-lo com amor e por amor ("Tudo o que disserdes ou fizerdes, que seja sempre no nome do Senhor Jesus, por ele dando graças a Deus Pai" [Cl 3,17]). Quando eu me recolho no meu quarto para a meditação ou para a oração, ou então entro na igreja para a celebração eucarística, ou me aproximo do sacramento da reconciliação, ele já está lá e me espera para dar-me o seu Espírito, capaz de me guiar "para toda a verdade" (Jo 16,13), de vir em ajuda à minha fraqueza, a fim de que a minha oração seja eficaz (Rm 8,26), e no seu nome (Jo 16,23). Quando sou chamado a viver o amor em todas as suas expressões de bondade, paciência, compreensão, perdão, acolhida e ajuda, Jesus está lá, presente no próximo e em mim, para que aconteça o milagre do amor, seguindo o seu exemplo (cf. 1Jo 4,9-12; Mt 15,40).

Não se questiona quem deve chegar antes a um lugar ou a uma iniciativa. Cabe a Jesus, eu não ouso nem sequer discutir. Mas o problema é outro: nós percebemos que ele já está no lugar, onde nos acolhe e põe à disposição o seu testemunho e a abundância dos seus dons? Isto vale também para toda opção de vida (matrimônio, sacerdócio, consagração...). Jesus está sempre presente, pronto para dar a sua mão forte, se quisermos: quando somos atingidos pelo desânimo ou pelas dúvidas, ou nos sentimos oprimidos pelas dificuldades, lembramos que ele está presente, e nos dá tudo em abundância? "Aumenta, Senhor, a nossa fé em ti presente, aqui, conosco e por nós!"

É Jesus quem salva

Vem-me à mente o paralítico na piscina de Bezata. Ele quer se curar, mas admite: "Senhor, não tenho ninguém que me leve à piscina, quando a água se movimenta" (Jo 5,7). Assim, penso também em Pedro e nos seus amigos que, cansados e desfalecidos, escutaram as palavras de Jesus e agora se sentem convidados a ir pescar. Pedro humildemente confessa: "Mestre, trabalhamos a noite inteira e não pegamos nada" (Lc 5,5; Jo 21,3). Lembro-me ainda do jovem endemoninhado que os discípulos não puderam curar, mas somente Jesus (Mc 9,14-27), da mulher doente (Mc 5,25-34), do paralítico curado no corpo e liberto do pecado (Mc 2,1-12) e do mesmo Pedro, que quer caminhar sobre as águas (Mt 14,22-32).

Quem nos salva é Jesus. Nós, sozinhos, só com as nossas forças humanas, não podemos nada. Todos experimentamos quanto é verdadeira a Palavra de Jesus: "Sem mim, nada podeis fazer" (Jo 15,5); os frutos do amor são possíveis somente quando estamos unidos a ele (é bom reler as belas parábolas de Jo 15,1-11, prestando atenção naquele "permanecer" repetido muitas vezes!).

Se me olho como homem, como mulher, como sacerdote, como esposo(a), devo ser sincero(a) ao conscientizar-me de que sozinho(a), com minhas forças humanas, não posso fazer nada de útil e bom; muito menos dirigindo-me a adivinhos ou coisas semelhantes. Jesus diz que não posso sequer prolongar minha vida em um segundo ou elevar de um milímetro a minha estatura. Esta não é a minha fraqueza, mas a verdade clara. A nossa segurança, a nossa força é Jesus, é a união com ele: é ele quem salva, perdoa, trata as feridas, aquece, dá força. Somente ele e com ele podemos tudo. O que provoca em nós viver a experiência de que com ele "podemos tudo" (Fl 4,13)?

O papa diz na carta apostólica *Novo millennio ineunte*:

> Há uma tentação que sempre insidia qualquer caminho espiritual e também a ação pastoral: pensar que os resultados dependem da nossa capacidade de agir e programar. É certo que Deus nos pede uma real colaboração com a sua graça, convidando-nos, por conseguinte, a investir, no serviço pela causa do Reino, todos os nossos recursos de inteligência e de ação; mas ai de nós se esquecermos que, "sem Cristo, nada podemos fazer" (NMI, n. 38).

Jesus é o primeiro e é o único que salva, hoje como ontem, e sempre. Devemos "abrir o coração à onda da graça e permitir que a Palavra de Cristo passe através de nós com todo o seu poder". Então, com Pedro, podemos dizer: "Por tua palavra, lançarei as redes".

À luz da palavra forte do papa, podemos verificar o nosso caminho espiritual pessoal ou de casal e também o empenho pastoral, conforme esta pergunta: "De onde se compreende que a vida espiritual e pastoral põe em primeiro lugar Jesus e, com ele, o Evangelho, a oração, a graça, o nosso amor?".

Para a vida

- Não posso concluir estas reflexões sem me aproximar de Maria e de José, amigos e companheiros de viagem. Preciso sentir-me encorajar por suas palavras e por seu exemplo para confiar em Jesus, para abandonar-me nele, para sentir-me servidor do Reino, pequeno e humilde instrumento de salvação. Quero pedir a humildade para convencer-me de quem realmente sou e também que somente no nome de Jesus há salvação plena e definitiva (At 4,12). Rezo o salmo 125(124).

- Neste mês, nós nos propomos a prestar atenção especial à oração da manhã ou então fazer preceder decisões importantes por momentos de oração em comum.

8

Jesus nos confia a Maria, a Mãe

O mês de maio tem perfume de vida e de esperança, e me oferece uma referência especial à família, à mãe que, com o pai, acompanha e apóia toda a família na vida cotidiana.

O papa conclui assim a carta apostólica *Novo millennio ineunte*:

> Neste caminho, acompanha-nos a Virgem Santíssima; a ela, há poucos meses, juntamente com muitos bispos congregados em Roma, de todas as partes do mundo, confiei o terceiro milênio. Ao longo desses anos, muitas vezes a apresentei e invoquei como "Estrela da nova evangelização". E aponto-a, uma vez mais, como aurora luminosa e guia segura do nosso caminho. "Mulher, eis aqui os teus filhos", repito-lhe, fazendo eco à própria voz de Jesus (cf. Jo 18,26), e dando voz, junto dela, ao afeto filial de toda a Igreja (NMI, n. 58).

À *escuta*

Iluminado pelas palavras do santo padre, coloco-me na escola de Maria Mãe, escolhendo-a também como guia e irmã espiritual. Contemplo-a em alguns traços da sua vida terrena.

Debaixo da cruz

Estou aos pés da cruz com Maria, João, Madalena e outras mulheres. Tudo ao redor é pranto e tristeza, gritos e angústia. Somente os olhares de Jesus e de Maria resplandecem de luz, abandonados à vontade do Pai, e alegres pelo dom da salvação para todos. Num dado momento, ouvem-se as palavras de Jesus: "Eis tua mãe. Eis teu filho". Leio o breve relato trazido por João 19,25-27.

> Junto à cruz de Jesus estavam de pé sua mãe e a irmã de sua mãe, Maria de Cléofas, e Maria Madalena. Jesus, ao ver sua mãe e, ao lado dela, o discípulo que ele amava, disse à mãe: "Mulher, eis o teu filho!". Depois, disse ao discípulo: "Eis a tua mãe!". A partir daquela hora, o discípulo a acolheu no que era seu.

Surpreende-me a vontade de Jesus, que nos entrega sua mãe e a confia a nós como Mãe. Não tinha mais nada para nos dar. No gesto supremo do dom de si, inclui também esse presente. Saboreio e me deleito até o fundo daquela palavra: "Eis o teu filho!". De agora em diante, ele não terá olhos, mãos, coração, cuidados por nós, filhos pecadores, que choram neste vale de lágrimas, desejosos do Reino de Deus. "Eis a tua mãe!": já não deveríamos ter olhos, mãos, coração e cuidados senão por ela, a Mulher, a Mãe, a Igreja.

O testamento de Jesus à beira da morte é claro: Maria é nossa Mãe, Mãe dos pecadores salvos pelo amor. Perguntamo-nos: que relação vivemos, também como família, com Maria Mãe? Como expressamos o nosso amor por ela? Também nós somos chamados a dizer-lhe freqüentemente: "Eis os teus filhos!". Como vivemos a intercessão para com quem está doente, para com os jovens, os amigos e os conhecidos?

À espera do Espírito

Entro, agora, no Cenáculo. Sinto ainda o perfume da última ceia, percebo o ar de mistério desses dias de ocultamento e de espera depois da ressurreição de Jesus, participo da emoção do grande acontecimento de Pentecostes quando "recebereis força do alto" (At 1,8). E vejo Maria, a Mãe, que tem perto de si os seus novos filhos: medrosos, tristes, inseguros, de pouca fé. Envolve-os com o seu olhar de ternura e de cuidados: tem olhos para todos, atenção e ouvidos para cada um. Imagino essa mãe que se aproxima ora de um, ora de outro, para uma palavra, um sorriso, um gesto de amor: é a Mãe. Com o coração cheio de consolação, releio Atos 1,12-14, prestando atenção ao versículo final: "... perseveravam na oração em comum, junto com algumas mulheres, entre elas Maria" (v. 14). Quem sabe quantas horas passaram, a cada dia, nessa oração incessante!

> Então os apóstolos deixaram o monte das Oliveiras e voltaram para Jerusalém, a distância que se pode andar num dia de sábado. Entraram na cidade e subiram para a sala de cima, onde costumavam ficar. Eram Pedro e João, Tiago e André, Filipe e Tomé, Bartolomeu e Mateus, Tiago, filho de Alfeu, Simão Zelota e Judas, filho de Tiago. Todos eles perseveravam na oração em comum, junto com algumas mulheres – entre elas Maria, mãe de Jesus – e com os irmãos dele.

Estamos no mês de maio, quando toda comunidade, pequena ou grande, se reúne para continuar aquela experiência de oração diante de Maria Mãe, com ela e para o bem de toda a humanidade. Como vivemos este tempo de oração mariana? Como vivemos as assim chamadas devoções que praticamos? Conseguimos preenchê-las de amor atento e sincero, sem nos deixar envolver pela mecanicidade e pela repetitividade das palavras? Em família, sabemos dedicar algum tempo à oração em comum?

Visitando a prima

Dou um salto para trás, de mais de trinta anos, quando Maria, ainda muito emocionada e incrédula pelas palavras do anjo, se põe em viagem para visitar a família da prima Isabel. É uma moça ainda muito jovem, e, no entanto, não tem medo de enfrentar uma viagem tão cansativa. Supera a *montanha* dos medos e das dificuldades que encontra. Vai admirar as maravilhas que o Senhor realizou numa família, a de Zacarias e Isabel. Leva o mais extraordinário dos anúncios: Deus feito homem nela para salvar a todos; um anúncio que dá sem expressar uma palavra, somente fazendo-se presente pessoalmente e com uma saudação, uma palavra gentil, simples, mas rica de significado: *Shalom*, Paz, Jesus! Preciso ainda de tempo e de recolhimento para escutar Lucas em sua narração, que conclui com aquele canto alegre que Maria, certamente, cantou no movimento da dança sagrada.

> Naqueles dias, Maria partiu apressadamente para a região montanhosa, dirigindo-se a uma cidade de Judá. Ela entrou na casa de Zacarias e saudou Isabel. Quando Isabel ouviu a saudação de Maria, a criança pulou de alegria em seu ventre, e Isabel ficou repleta do Espírito Santo. Com voz forte, ela exclamou: "Bendita és tu entre as mulheres e bendito é o fruto do teu ventre! Como mereço que a mãe do meu Senhor venha me visitar? Logo que a tua saudação

ressoou nos meus ouvidos, o menino pulou de alegria no meu ventre. Feliz aquela que acreditou, pois o que lhe foi dito da parte do Senhor será cumprido" (cf. Lc 1,39-56).

Maria, que vai visitar a prima Isabel, é a profecia da Igreja que leva o Evangelho a todos os povos, às famílias, às pessoas necessitadas, aos doentes. Como nós, esposos, podemos comunicar o Evangelho num mundo em transformação? Sobretudo, como ajudar os jovens a se abrirem à luz da Palavra? Como levar a mensagem de Jesus para dentro das casas, dos ambientes de trabalho, do lazer, da política, e, especialmente, dos relacionamentos humanos entre as pessoas? São as perguntas de sempre e também de hoje. Maria nos pergunta: como procuramos tornar-nos evangelho vivo, de modo a levá-lo com a vida e com a nossa pessoa, por meio de gestos pequenos e normais (um sorriso, uma saudação, palavras gentis e encorajadoras, carícias etc.), em toda situação em que vivemos?

Em Caná

Ainda uma parada junto da Mãe que Jesus nos confiou, tesouro incomensurável, porque muito precioso, para todo filho de Deus. Estou em Caná. Jesus saiu há pouco de Nazaré, já teve os primeiros encontros, realizou milagres, fez-se escutar com atenção pelas pessoas.

Há uma festa de casamento. Está em jogo um casal de esposos, uma família: símbolo do casamento do Salvador com a humanidade, da nova família que nasce entre os discípulos do Mestre. Mas as provisões humanas chegam ao limite. A festa é para sempre, os convidados são todas as pessoas do mundo, a alegria deve atravessar a eternidade. Precisamos de um Esposo que venha do céu, dom de Deus, ou melhor, Deus ele mesmo. E está também Maria, a Mãe de Jesus, Mãe do Esposo. Aos pés da cruz, tornar-se-á também Mãe da esposa, isto é, dos discípulos: nela, Mãe, há unidade total. Justamente Maria, Mãe previdente e cuidadosa, exerce conosco a diaconia, o serviço mais precioso, anunciando: "Fazei tudo o que ele vos disser" (Jo 2,5). Maria é sinal da Igreja e de todo anunciador que convida para a escuta e para a prática da Palavra. Não há outro caminho para entrar naquela festa de casamento e permanecer nela eternamente.

Leio com calma cada palavra (Jo 2,1-11) e fico feliz em sentir que "os discípulos creram nele" (v. 11). Também eu creio com alegria, enchendo de sentido toda a minha vida.

> No terceiro dia, houve um casamento em Caná da Galiléia, e a mãe de Jesus estava lá. Também Jesus e seus discípulos foram convidados para o casamento. Faltando o vinho, a mãe de Jesus lhe disse: "Eles não têm vinho!". Jesus lhe respondeu: "Mulher, que é isso, para mim e para ti? A minha hora ainda não chegou".
> Sua mãe disse aos que estavam servindo: "Fazei tudo o que ele vos disser!". Estavam ali seis talhas de pedra, de quase cem litros cada, destinadas às purificações rituais dos judeus. Jesus disse aos que estavam servindo: "Enchei as talhas de água!". E eles as encheram até à borda. Então disse: "Agora, tirai e levai ao encarregado da festa". E eles levaram. O encarregado da festa provou da água mudada em vinho, sem saber de onde viesse, embora os serventes que tiraram a água o soubessem. Então chamou o noivo e disse-lhe: "Todo mundo serve primeiro o vinho bom e, quando os convidados já beberam bastante, serve o menos bom. Tu guardaste o vinho bom até agora". Este início dos sinais, Jesus o realizou em Caná da Galiléia. Manifestou sua glória, e os seus discípulos creram nele.

Essa festa de casamento perdura nos séculos. Também nós estamos entre os convidados. Observamos Jesus e olhamos

Maria. Escutamos as suas palavras. Fazemos nosso o seu conselho. É muito importante para mim – sacerdote, consagrado, mãe ou pai de família, esposo(a) –, que quero ser todo(a) de Jesus. Como vivemos esta palavra da Mãe: "Fazei tudo o que ele vos disser"? Participamos da bem-aventurança daqueles que, como Maria, escutam e colocam em prática a Palavra de Deus?

Para a vida

- Quero concluir estes momentos de reflexão e de oração com Maria, Mãe e guia espiritual, acolhendo o seu convite para a alegria e procurando a companhia de José, que, como nós, aprendeu justamente dela a se tornar autêntico discípulo de Jesus.

  Sintonizemo-nos numa Palavra para viver e com esses amigos deixemo-nos levar para o louvor do Senhor.

  Agora rezo o *Magnificat* (cf. Lc 1,46-55).

- Neste mês, podemos propor-nos a rezar o terço algumas vezes (ou, então, todos os dias).

9

O caminho da humildade

O homem nunca é tão grande como quando se faz humilde e sabe amar com doçura. O latino *famulus*, isto é, servo, tem a mesma raiz de *familia*, família, como se dissesse que já na palavra família está presente o conceito de serviço e de humildade. É um pensamento que me induz a uma parada de reflexão diante do Senhor junto com os meus caros.

Jesus percorre os caminhos da Palestina, sempre sem fazer muito barulho. Não gosta de aparecer. Causa admiração o seu modo de falar simples e compreensível, o seu retirar-se à parte depois dos milagres. Chega até, um dia, a dar um significado e um conteúdo novos ao "ser grande". Ele o traduz com "servidor e escravo de todos" (Mc 10,43-44). E o faz compreender, sobretudo, quando se põe a lavar os pés dos seus discípulos (cf. Jo 13,1-13).

À escuta

É importante, como sempre, que eu entre num clima de recolhimento, para que possa captar em profundidade a luz que Jesus quer me oferecer. Leio com calma, pesando as palavras e sentindo-me dentro do acontecimento.

Partindo dali, Jesus e seus discípulos atravessavam a Galiléia, mas ele não queria que ninguém o soubesse. Ele ensinava seus discípulos e dizia-lhes: "O Filho do Homem vai ser entregue às mãos dos homens, e eles o matarão. Morto, porém, três dias depois ressuscitará". Mas eles não compreendiam o que lhes dizia e tinham medo de perguntar. Chegaram a Cafarnaum. Estando em casa, Jesus perguntou-lhes: "Que discutíeis pelo caminho?". Eles, no entanto, ficaram calados, porque pelo caminho tinham discutido quem era o maior. Jesus sentou-se, chamou os Doze e lhes disse: "Se alguém quiser ser o primeiro, seja o último de todos, aquele que serve a todos!". Em seguida, pegou uma criança, colocou-a no meio deles e, abraçando-a, disse: "Quem acolher em meu nome uma destas crianças, estará acolhendo a mim mesmo. E quem me acolher, estará acolhendo não a mim, mas Àquele que me enviou" (Mc 9,30-37).

Jesus instrui os Doze para fazer deles uma comunidade, dócil ao projeto de Deus e animada por profundos vínculos de amor. Juntos eles vão de uma cidade à outra. Param quando as pessoas se reúnem. Jesus anuncia o Evangelho, realiza milagres. Quando estão em casa, ele lhes dá explicações mais particularizadas.

O trecho ouvido conta a passagem desse grupo do monte Tabor para a cidade de Cafarnaum, no lago de Tiberíades, e o posterior colóquio na casa de Pedro. No Tabor, Jesus tinha se deixado ver no seu esplendor de Filho de Deus, entre dois personagens conhecidos da história hebraica, Moisés e Elias. Aos pés do monte, tinha libertado um endemoninhado.

Pelo caminho, Jesus revela aos discípulos o destino que o aguarda em Jerusalém: paixão, morte e ressurreição. Um destino não de glória, mas de humilhação, de aniquilamento: não somente a dor, mas, sobretudo, a rejeição por parte dos homens, inclusive dos discípulos. Um destino de humilhação que ele viverá com profundo espírito de amor, até o dom total da sua vida, do seu espírito, da sua Palavra por nós. Em suma, sua humilhação não é pela derrota, mas em vista do bem, da vida, da alegria de todos. "Se o grão de trigo morre, dá origem a uma nova espiga cheia de grãos maduros" (cf. Jo 12,24).

Os discípulos, enquanto Jesus fala, deixam-se dominar por outros pensamentos. Cada um deles se imagina no lugar de Moisés ou de Elias, ao lado de Jesus glorificado. Cada um terá manifestado os motivos para justificar a própria opinião e contradizer a dos outros. Imagino esses pequenos grupos que se formam pelo caminho e discutem animadamente: "Qual de nós é o maior?"; "Eu, porque...", diz Pedro. Mas André o contradiz. E João intervém; depois Mateus. E cada um deles se imagina maior por um ou por outro motivo.

Jesus, porém, somente em casa os interroga sobre o assunto, motivo de tanta animação ao longo do caminho. Depois de algumas tentativas de mudar de assunto, os discípulos admitem que haviam discutido sobre quem era o maior.

O Mestre lhes responde, oferecendo uma imagem e esclarecendo um ensinamento.

A imagem – Uma criança, considerada pela mentalidade corrente de então como um peso, porque pobre, necessitada de tudo, totalmente improdutiva. Ela é colocada no meio, no centro da atenção de todos, torna-se o mais importante. Ainda mais importante quando se pensa que Jesus se identifica com ela: "Quem a acolher, estará acolhendo a mim mesmo" (v. 37).

O ensinamento – "Se alguém quiser ser o primeiro, seja o último de todos, aquele que serve a todos!" (v. 35).

No pensamento de Jesus, há uma inversão de mentalidade em relação ao pensar do mundo. Segundo a opinião comum e a nossa, o mais importante é quem é respeitado, reverenciado, servido: quem está em posição de prestígio; quem veste roupas elegantes, sempre na última moda, possui muitos bens e coisas bonitas; quem é rico, se faz respeitar, se impõe aos outros; quem é forte, esperto etc.

No plano de Deus, as coisas se invertem. Quem não é considerado, quem não possui nada, quem sofre, quem é evitado: estes são os mais importantes, porque Deus se identifica com eles.

Recolho-me no silêncio e deixo-me provocar pelo Evangelho ouvido ou pelos comentários enfatizados. O Espírito Santo que invoco me faz compreender que esta Palavra é justamente para mim.

"Discutiam pelo caminho"

Os discípulos caminham em pequenos grupos e discutem entre eles, até animadamente. Aproveitam a ocasião, como outras vezes, para confrontar suas idéias. Provavelmente falam entre si, deixando Jesus de lado. A discussão torna-se pesada porque segue os critérios do mundo, os egoísmos pessoais, examina os próprios méritos e as próprias referências. Esse confronto não une, não aprofunda, mas separa, afasta, alimenta a raiva, a tristeza, o desejo de fazer valer os próprios direitos contra os dos outros.

Entre cristãos, deve-se preferir o diálogo à discussão. Isso, de fato, segue o plano de Deus, a sua lógica, isto é, põe o outro no centro, em toda a sua concretude. Deixa-o à vontade, circunda-o de ternura; faz mover com critérios de amor, de gentileza; ensina a escutar com o coração, a não interromper; faz seguir o pensamento do outro, não formulando as respostas enquanto se escuta.

Como são as discussões entre nós, pais, e as discussões com toda a família? Com quais sentimentos as vivemos (orgulho, prepotência, compreensão, raiva, tristeza, esperança...)? Fazemos referência à Palavra de Deus para iluminar os nossos problemas, as nossas dificuldades de esposos e de pais? Para que e de que nos servem as mensagens recebidas na missa dominical?

"Qual de nós é o maior?"

É a pergunta que girava nos vários grupinhos de discípulos, ao longo do caminho do Tabor a Cafarnaum. Uma pergunta humana, segundo o plano do mundo e não segundo o de Deus e do amor. Uma pergunta que não pode ter lugar entre pessoas que se amam. Quem ama, de fato, alegra-se por se considerar menor, mais modesto que a pessoa que ama e faz consistir toda a própria fortuna em fazer o outro feliz.

Entre pessoas que fizeram do amor a sua razão de vida, essa pergunta não tem cabimento. Ou, caso se queira fazê-la, deve ser entendida somente no sentido do plano de Deus, no plano do Evangelho e do amor. O cônjuge que quer ser o maior sabe que deve olhar para Jesus, que demonstra a sua grandeza lavando os pés dos discípulos, doando a sua vida até o sacrifício da Cruz e até a se tornar pão partido na missa.

"Não há amor maior que este: dar a vida pelos próprios amigos" (Jo 15,13). Em quais circunstâncias me julguei o melhor, o mais importante e superior aos outros, mesmo que só em pensamento? Como me senti?

Qual é o objetivo do nosso ser esposos, do nosso ser família? Segundo Jesus, é o de ser felizes juntos, vivendo ao máximo a doação o amor entre nós. Isso nos torna felizes e santos: que efeito produz em nós saber que Deus nos quer felizes e santos através do matrimônio? O que nós fazemos para tornar o nosso amor conjugal sempre novo e alegre a cada dia?

"Jesus perguntou-lhes"

Jesus intervém, num segundo momento, para iluminar a discussão dos discípulos. Está convencido de poder oferecer-lhes uma chave nova para interpretar e resolver o problema deles, não baseada nos direitos de um ou de outro, mas tendo em vista o estilo de Deus, fundamentada no amor para com o outro. Jesus faz compreender que somente ele e a sua palavra nos oferecem clareza em qualquer problema. Para compreender quem é o maior, é preciso olhar o próprio eu; aquele que quiser sê-lo deve fazer aquilo que ele fez e comportar-se como ele se comportou. A sua grandeza foi e é o amor sem medida!

Para compreender a verdade sobre tudo, devemos e queremos fazer referência a Jesus e a seu Evangelho. De que maneira nos confiamos à Palavra de Deus para encontrar luz diante dos cansaços de nossa relação, na vida de família, ou diante dos cansaços no nosso serviço apostólico ou na doação; conseguimos alimentar nossa esperança e discernir com sabedoria?

Para a vida

- O Senhor "olhou para a humildade da sua serva", canta Maria no *Magnificat*. O Senhor se agradou do silêncio dócil de José. Como amo esses caros grandes amigos! Eles compreendem a verdadeira grandeza do amor. Grandeza que nasce da humildade, realiza-se no silêncio, atinge o dom de si, esconde-se na gratuidade. Quero encontrar tempo para ir à sua escola e aprender a verdadeira grandeza do amor.

Rezo o salmo 1.

- Neste mês, podemos procurar viver um comportamento humilde e simples entre nós, esposos, e com os nossos filhos.

O ROSTO MISERICORDIOSO DE JESUS

> Cristo como *mysterium pietatis*,
> no qual Deus nos mostra
> o seu coração compassivo
> e nos reconcilia plenamente consigo.
> Tal é o rosto de Cristo
> que importa fazer redescobrir...
> (NMI, n. 37)

1

Um olhar de misericórdia

Inicio este capítulo com as palavras de João Paulo II, que assim escreve, na carta apostólica *Novo millennio ineunte* (n. 37), a propósito do sacramento da reconciliação:

> Na exortação pós-sinodal *Reconciliatio et paenitentia*, convidava a que se fizesse todo o esforço para superar a crise do "sentido do pecado", que se verifica na cultura contemporânea, e, mais ainda, que se voltasse a descobrir Cristo como *mysterium pietatis*, no qual Deus nos mostra o seu coração compassivo e nos reconcilia plenamente consigo. Tal é o rosto de Cristo que importa fazer redescobrir também através do sacramento da penitência, que constitui, para um cristão, "a via ordinária para obter o perdão e a remissão dos seus pecados graves cometidos depois do batismo".

Quis ouvir o papa e, através dos Evangelhos que tratam desse assunto, não só descobrir a alegria do arrependimento e do perdão, mas também saborear profundamente a abundância da misericórdia do nosso Deus e contemplar "o rosto misericordioso de Jesus".

À escuta

Procuro um lugar adequado, recolhido; coloco diante de mim o ícone do Pai misericordioso. Acendo uma vela, sinal de procura e também de luz; coloco também algumas flores para expressar a alegria e a festa: não encontro apenas a misericórdia de Jesus, mas faço dela experiência em profundidade, no meu coração. Depois, leio com calma o evangelho e releio mais uma vez; presto atenção no ambiente, nos personagens, nos sentimentos de cada um e de Jesus em particular, nas palavras, nos destaques de Marcos. Faço entrar tudo, lentamente, na minha mente e no meu coração. Com a luz do Espírito, que invoco com muita confiança, apresso-me a imergir nestas palavras, em Jesus vivo ao meu lado.

> Alguns dias depois, Jesus passou novamente por Cafarnaum, e espalhou-se a notícia de que ele estava em casa. Ajuntou-se tanta gente que já não havia mais lugar, nem mesmo à porta. E Jesus dirigia-lhes a palavra.
> Trouxeram-lhe um paralítico, carregado por quatro homens. Como não conseguiam apresentá-lo a ele, por causa da multidão, abriram o teto, bem em cima do lugar onde ele estava e, pelo buraco, desceram a maca em que o paralítico estava deitado. Vendo a fé que eles tinham, Jesus disse ao paralítico: "Filho, os teus pecados são perdoados".
>
> Estavam ali sentados alguns escribas, que no seu coração pensavam: "Como pode ele falar deste modo? Está blasfemando. Só Deus pode perdoar pecados!". Pelo seu espírito, Jesus logo percebeu que eles assim pensavam e disse-lhes: "Por que pensais essas coisas no vosso coração? Que é mais fácil, dizer ao paralítico: 'Os teus pecados são perdoados', ou: 'Levanta-te, pega a tua maca e anda'? Ora, para que saibais que o Filho do Homem tem na terra poder para perdoar pecados – disse ao paralítico – eu te digo:

levanta-te, pega a tua maca, e vai para casa!". O paralítico se levantou e, à vista de todos, saiu carregando a maca. Todos ficaram admirados e louvaram a Deus dizendo: "Nunca vimos coisa igual!" (Mc 2,1-12).

Jesus havia iniciado sua atividade de pregador visitando as vilas próximas de Nazaré e lá realizado milagres, como confirmação da eficácia da sua Palavra. Depois de uma visita um tanto tumultuada à sua cidade (Lc 4,16-30), decidiu transferir-se para Cafarnaum, às margens do lago de Tiberíades, onde havia encontrado os primeiros amigos discípulos. De Cafarnaum, movimenta-se em toda direção, prega, realiza milagres, encontra as pessoas, escuta, consola. Depois, volta à cidade, onde pode estar na casa do amigo Pedro, cuja sogra havia curado (Mc 1,29-31). Outras vezes, a bem da verdade, fica em lugares solitários ou nas colinas, porque gosta muito de retirar-se e orar em solidão.

Todos recordavam aquela tarde, ao pôr-do-sol, quando Jesus, que voltava para casa, encontrou uma multidão de doentes de toda espécie na porta da casa: tinha curado a todos com grande alegria (Mc 1,32-34).

De toda viela vejo chegar pessoas de todas as idades, homens, mulheres com crianças, cegos, coxos. Enche-se a casa e lotam-se as ruas: não há lugar para outras pessoas, infelizmente! Jesus fala, anuncia o amor de Deus e todos escutam. Também eu escuto, enquanto estou agachado em cima do telhado de uma casa. "Não vim para chamar os justos, mas os pecadores. Porque o Pai vos ama. Para ele sois todos seus filhos, amados desde sempre". Ao fundo da rua, vejo um movimento de homens e ouço gritarem: "Deixem passar, há um doente grave, deixem passar". E aqueles homens se ajudam como podem para conquistar um metro depois do outro, levando nos ombros um homem numa padiola. Em meio à multidão, ninguém consegue se deslocar, muito embora os homens insistam mesmo energicamente e com modos violentos. No entanto, entrar é uma tarefa impossível.

Então pensam em um estratagema. As casas de Cafarnaum não têm o teto de alvenaria, mas são cobertas com grades ou galhos e barro. Para surpresa de todos, eles vão para trás da casa, sobem arrastando o paralítico, tiram os galhos; então, com cuidado, descem o doente diante de Jesus. Não é difícil imaginar quais reações negativas tiveram os presentes ao redor do Mestre, com a atitude daqueles carregadores.

Mas, num certo ponto, também Jesus se deixa dominar pelo acontecimento. Seu olhar é luminoso e penetrante. Percebe a fé do doente e de seus carregadores, a curiosidade da multidão, a malícia dos escribas e fariseus. Pára com amor diante daquele paralítico: o médico Jesus observa a paralisia do corpo, mas vê que a do espírito é certamente mais grave. O homem está envolvido em seus pecados, bloqueado em seu egoísmo, incapaz de sair de suas misérias. Seu mal verdadeiro, o mal que o imobiliza, tem origem no pecado.

"Os teus pecados são perdoados!" (v. 5). Jesus, radiante de alegria e de amor, cura o doente na sua verdadeira e mais profunda doença, da qual ele, talvez, não estivesse nem mesmo plenamente consciente! Ouço também o vozerio de reação dos presentes. Há surpresa no rosto dos carregadores, paz no semblante do paralítico, alegria em todos os presentes, raiva no coração dos chefes religiosos. Mas Jesus é bom e é atraído, sobretudo, pela fé do doente e de seus carregadores. Então, para dar uma mensagem de luz também para os orgulhosos escribas e fariseus, acolhe plenamente a fé do paralítico e de seus amigos e completa a cura, curando-o também no corpo.

Também eu sou tomado por muitas emoções, enquanto observo o paralítico dirigir-se para sua casa, comovido e feliz, sob os olhares da multidão. E todos ao mesmo tempo nos colocamos a gritar os louvores ao Senhor: "Eterno é o seu amor por nós"; "Louvores ao Senhor, Pai misericordioso"; "Obrigado, Jesus!".

Agora, quero procurar algum detalhe para entrar na escuta de Jesus vivo em mim. Um encontro entre pessoas vivas, hoje. A multidão se afastou. Também os discípulos se retiraram. Estou só contigo, Jesus. Penso novamente no fato. Vejo-me no lugar do paralítico, depois percebo que também estou entre os carregadores; por um momento, misturei-me aos fariseus, e me encontro no meio da multidão. Há uma variedade de sentimentos e de atitudes em mim, na minha vida. Sinto-me um pouco confuso, mas quero estar sempre contigo.

"Foram até ele"

As pessoas vindas de todos os cantos da Palestina vão a Jesus porque somente nele encontram a salvação. E vão todos: homens e mulheres, crianças, doentes, e também os escribas e fariseus. Ele não rejeita ninguém. De fato, somente quem é bem-intencionado se encontra com Jesus e é curado, e não quem é orgulhoso e soberbo.

Com que estado de alma nós, esposos, nos aproximamos de Jesus na oração, na missa, na meditação da Palavra?

"Um paralítico..."

O homem é doente no corpo e no espírito, mas se aproxima de Jesus talvez consciente só da doença física. É a paralisia, isto é, a incapacidade de fazer os gestos e dar os passos normais de uma pessoa. Está parado, imobilizado. A paralisia espiritual existe quando não se tem mais vontade de fazer os próprios deveres, sobretudo os do amor e da justiça, ou se pensa que seja suficiente não fazer o mal para ser bom

Qual é o motivo que nos impele a fazer os deveres em casa, no trabalho, com a família? Por que nos deixamos aprisionar pela preguiça, pelo hábito, pelo não-amor na nossa relação conjugal?

"... levado por quatro pessoas"

A situação desse homem é realmente grave. Ou então não se sente seguro de si mesmo. Precisa dos outros, ou melhor, se entrega aos outros. Esses "outros" são a minha família, a minha comunidade, o meu grupo.

Entre nós, esposos, como sentimos a vizinhança recíproca no ir a Jesus? Como cada um ajuda o outro a procurar Jesus e a sua salvação?

"Descobriram o teto"

Esse grupo enfrenta tudo, faz o impossível para chegar a Jesus. Não somente abre espaço no meio da multidão, talvez sob os impropérios de uns e as ofensas de outros. Eles descobrem o teto; parece-me que isso significa quebrar a própria segurança, o fechamento em si mesmos e nas próprias forças, e chegar a Jesus também por vias não normais: "Nada é impossível para Deus!" (Lc 1,37).

Ir a Jesus com tenacidade, com perseverança: ocorre-nos, às vezes, fazer esta experiência singularmente, como esposos, ou, ao contrário, nos rendemos facilmente?

"Jesus, vendo a sua fé"

Jesus vê o coração. Para ele tudo é claro. Eis o que é preciso para ir a ele: a fé, isto é, a certeza do seu amor e o desejo profundo de aderir a ele. Eu, ao contrário, às vezes detenho-me em gestos artificiais, formais, em devoções de palavras!

Agora, nós, esposos, nos isolamos e expressamos com palavras que vêm do coração toda a nossa fé em Jesus, salvação e paz da nossa vida e do nosso amor!

"Os teus pecados são perdoados"

É a palavra que cura o meu "interior", que me liberta do pecado, não somente dos fatos pecaminosos, mas também das raízes do mal dentro de mim, dos vícios capitais e de todos os seus derivados. É uma palavra poderosa que realiza aquilo que afirma. A minha libertação global começa pelo pecado, o mal mais grave e a raiz de todos os males.

Depois de me ter confessado, ou então quando meu marido, minha mulher, meu parente ou vizinho me dá o perdão, que sentimentos profundos experimento? Quando sou solicitado a dar o perdão a quem está perto de mim, ao meu cônjuge em primeiro lugar, quais motivos me encorajam?

"O que é mais fácil dizer?"

Para Jesus tudo é fácil: "Para Deus nada é impossível!". Para nós tudo é difícil e muita coisa é impossível, sobretudo quando vivemos no não-amor, na nossa raiva, no nosso medo. Uma vez que Deus, que me ama, pode tudo, em vez de lamentar e desesperar-me, quero decidir ir logo a Jesus, talvez apoiando-me naqueles que me são caros, ou em meus amigos, para encontrar conforto e ajuda.

De que maneira procuro a humildade que me faz recorrer logo ao Senhor nas situações de necessidade e me faz pedir perdão e ajuda ao meu cônjuge, sem me acomodar nem parar na minha tristeza?

"Pega tua maca e vai para casa"

Depois do perdão de Jesus ou também dos outros, parte-se para uma vida nova. A "maca" é a cruz do próprio cotidiano, dos próprios mal-estares, das próprias doenças ou cansaços que, freqüentemente, são causa de pecado porque os acolhemos com egoísmo, com tristeza. Depois do perdão, Jesus nos convida a carregar nossa cruz atrás dele e nos ombros, isto é, a tomá-la com amor, com paciência. A começar por tudo aquilo que somos chamados a viver dentro da nossa casa.

De que maneira me esforço para fazer com que depois de cada confissão eu parta para uma vida nova, começando nos relacionamentos familiares? Lembro-me continuamente da graça recebida, alegrando-me com minha mulher/meu marido?

"Todos ficaram admirados e louvavam a Deus"

A gratidão se expressa através da oração, do canto, e, sobretudo, com um rosto sorridente e um agir mais alegre.

Quem encontra uma pessoa importante conta para todos. Assim deveria acontecer toda vez que nos encontramos com o Senhor misericordioso.

Como expressamos a alegria e o louvor ao Senhor, pelos benefícios e pelos dons que nos concede a cada dia e, sobretudo, através do perdão?

Para a vida

- Releio agora atentamente o trecho do Evangelho e, portanto, ponho-me a rezar o salmo 69(68): "Salva-me, ó Deus". Essa oração me permite expressar sentimentos de arrependimento e alegria pelo perdão, porque o rosto cheio de misericórdia do Senhor me enche de paz. Faço isso sentindo-me, ainda uma vez, perto de Maria e de José, confiando na sua ajuda para chegar a Jesus.

- Neste mês, podemos parar, uma vez por semana, e pedir-nos e dar-nos reciprocamente o perdão como casal.

2

"Eu vim para chamar os pecadores"

Somos, por um lado, solicitados pelo papa a direcionar os olhos do nosso coração para a figura de Jesus, Mestre e amigo. Por outro lado, as contínuas notícias do mundo nos deixam desanimados. Contam histórias de sofrimento e de dor. São especialmente as crianças, as mulheres, os mais fracos que padecem muitas formas de violência. Por que o Senhor não toca o coração dos malvados e não os conduz para o caminho certo?

Abro o Evangelho para encontrar conforto e luz. E assim, por meio da obra e das palavras de Jesus, consigo fazer a experiência do amor de Deus e da sua ternura para com a humanidade pecadora e necessitada de conversão.

À escuta

Retiro-me, agora, em silêncio e, sobretudo, concentro a mente e o coração nas breves palavras encontradas em Mateus 9,9-13 (e paralelos: Mc 2,13-17; Lc 5,27-32). Leio devagar, procuro compreender as palavras, adentrar o acontecimento, imaginando estar lá presente, viver a minha parte de sentimentos e de ação.

> Ao passar, Jesus viu um homem chamado Mateus, sentado na coletoria de impostos, e disse-lhe: "Segue-me!". Ele se levantou e o seguiu.
>
> Depois, enquanto estava à mesa na casa de Mateus, vieram muitos publicanos e pecadores e sentaram-se à mesa, com Jesus e seus discípulos. Alguns fariseus viram isso e disseram aos discípulos: "Por que vosso mestre come com os publicanos e pecadores?". Tendo ouvido a pergunta, Jesus disse: "Não são as pessoas com saúde que precisam de médico, mas as doentes. Ide, pois, aprender o que significa: 'Misericórdia eu quero, não sacrifícios'. De fato, não é a justos que vim chamar, mas a pecadores".

Estamos ainda em Cafarnaum, a cidade de Jesus e de Pedro, pouco distante do lago, na fronteira entre os dois estados do rei Antipas e de seu irmão Felipe. Aqui havia a alfândega, sem cota fixa, uma das mais rentáveis da Palestina. Aqui eram recolhidos os impostos sobre as mercadorias de importação e de exportação, a taxa de pedágio da estrada de Damasco e o imposto sobre toda espécie de pesca nas águas do lago.

O trabalho do encarregado da alfândega era muito arriscado. Antes de acumular ganhos, era preciso pensar na cota determinada para contribuir com o erário público, na despesa com o pessoal de serviço, nas gorjetas para os soldados; depois, havia a tarefa da cobrança. Os cobradores, freqüentemente, esquecendo a consciência e aumentando as tarifas, adotavam qualquer meio de fazê-las serem pagas. No plano moral, eram considerados "pecadores" e, no plano humano, "atormentadores"; eram temidos e odiados por todos.

Entre esses "alfandegueiros", "publicanos", havia um chamado Levi, homem esbelto, de olhos profundos, de presença decidida. Tinha seu grupo de empregados, os quais, pontualmente, todos os dias, lhe entregavam o dinheiro da cobrança. Vigiava tudo. Ele mesmo estava sentado atrás de sua banca, para tratar dos casos mais difíceis. Já era rico, temido por todos, odiado, mas respeitado aonde quer que fosse.

Há algum tempo via passar perto de seu posto de trabalho um grupinho de homens, alguns dos quais eram bem conhecidos por ele, porque lhe pagavam os tributos da pesca. E havia um personagem diferente, novo. Novo, sobretudo porque, enquanto os outros recusavam-se a olhá-lo no rosto, ele, toda vez que passava ou repassava, o fixava nos olhos, tanto que ele sentia-se obrigado a abaixá-los. De fato, sentia-se estranhamente observado em seu interior, ferido em sua segurança econômica, aborrecido por aquele semblante que espalhava serenidade, questionado todo o seu modo de operar e viver. A cada passagem de Jesus experimentava essa "crise", que o incomodava profundamente quando procurava resistir, mas que fazia brilhar uma paz nova quando tentava aceitá-la.

Foi assim que aconteceu aquilo que os três evangelistas narram no "chamado de Levi". Jesus "vê" com o seu olhar luminoso o homem chamado Mateus na situação de comprometido com as opções de sua vida e, ao mesmo tempo, desejoso de sair o mais depressa possível. O publicano, sentindo-se olhado por ele, nota crescer em si o desejo de mudar, de "converter-se", de colocar-se em seu seguimento. Há a palavra forte de Jesus: "Segue-me", que não deixa alternativa. E há a resposta imediata de Mateus, no gesto de se levantar e segui-lo. Depois, como para expressar sua alegria pela nova vida e com o desejo de fazer seus "amigos" conhecerem o Rabi, organiza uma festa.

Justamente nesse contexto, Jesus tem ocasião de esclarecer sua missão e sua preferência pelos pecadores; palavras de grande consolação também para mim, para nós todos.

Detenho-me agora, com o evangelho nas mãos, para reviver em mim aquele acontecimento e sublinho alguns pontos para meu encontro vivo com Jesus.

"Viu um homem sentado na coletoria de impostos"

Os três sinóticos introduzem de maneira diferente esse fato. Em Marcos, Jesus vê uma pessoa com um nome próprio: Levi; em Lucas, vê um publicano, isto é, um pecador; em Mateus, vê um homem, figura de toda a humanidade. Ao olhar de Jesus ninguém escapa; ao seu olhar que ama, que chama, que ilumina, toda a humanidade está submissa, também hoje; toda a humanidade, e cada homem ou mulher individualmente, e, portanto, também eu, agora. Sinto-me profundamente observado, mesmo quando não o procuro; e seu olhar está sobre mim ("Faze brilhar o teu rosto e seremos salvos", Sl 80[79]): e então recebo salvação.

E me sinto observado enquanto vivo, trabalho, descanso, jogo, faço as minhas escolhas, penso...

Como reajo, durante o dia, quando me sinto só, "separado" da minha mulher/de meu marido e quando me sinto triste, cansado, com o pensamento de que o olhar do meu Senhor está sobre mim? Jesus, hoje, vê através de mim: quando olho os outros, o(a) meu(minha) esposo(a), os meus filhos, os meus amigos, as pessoas, os diferentes por nacionalidade e condição física, volto para eles olhos cheios de ternura e de bondade, ou expresso olhares de inveja, de censura, de indiferença?

"Ele se levantou e seguiu-o"

É a resposta pronta de Mateus. O olhar de Jesus sobre ele foi uma ação de salvação. O levantar-se sublinha a ressurreição do homem, sua libertação do estado de pecado e sua abertura para a graça, para o dom de Jesus. O fato de "segui-lo", não significa que Mateus foi um discípulo perfeito, mas começou a andar com Jesus, tomou a decisão de segui-lo e de não voltar mais atrás; uma decisão clara e definitiva.

Como Mateus, também eu fui libertado, agraciado: como expresso a alegria do perdão que recebo continuamente e o obrigado pela ajuda que o Senhor me dá? Também nós, esposos, decidimos seguir Jesus juntos: como alimentamos esse caminho atrás dele? Há questionamentos, saudades?

"Não vim chamar os justos"

Estou muito feliz por esta palavra: Jesus veio para mim, pecador, e para fazer de mim um resgatado. Ou melhor, não somente para me salvar, mas também para caminhar comigo, na minha vida, e ao meu lado, no meu cansaço e na minha incerteza. Ele está sempre presente. Ele, de fato, come com os pecadores, isto é, oferece amizade a quem vive no pecado para tirá-lo fora da sua condição e abri-lo para o caminho da luz, da alegria, da paz, do amor de Deus e do próximo.

Os justos são os soberbos, aqueles que acreditam poder salvar-se sozinhos, com as próprias forças, com os próprios méritos. Como vivemos a humildade e a convicção de deixar-nos salvar por Jesus? Procuramos essa salvação com outros meios? Nesse caminho, que ajuda vem da nossa boa relação conjugal?

Diante de meus pecados, diante de tantos pecados e misérias da humanidade, sinto a graça de poder me dirigir ao amigo Jesus para conseguir libertação e renovação de vida?

Para a vida

- Não faço outra coisa senão repetir para mim mesmo: "Que felicidade! Jesus veio ao mundo para salvar os pecadores e, portanto, também a mim!". Há um Jesus que passa enquanto estou no meu trabalho, no meu serviço, e me dá a graça de segui-lo, a sua Palavra, não o meu eu e os meus pensamentos.

  Quem sabe quantas vezes Maria e José terão pensado, vendo Jesus correr em casa, para cá e para lá: "Que felicidade para o mundo que chegou Jesus", aquele que liberta do pecado. Essa libertação exige humildade, isto é, arrependimento e, sobretudo, apelo ao Senhor. Por isso, como conclusão dessas reflexões e do meu "encontro vivo com Jesus vivo", paro para rezar o salmo 51(50): "Cria em mim, ó Deus, um coração puro".

- Para este mês, viveremos uma atitude especial: trocaremos reciprocamente palavras de encorajamento.

3

O Menino mais belo do mundo

Tive a possibilidade de ver muitas imagens do Menino Jesus. Lembro-me de uma comovente e muito delicada em minha paróquia, onde fui batizado e aos poucos tomei consciência da fé e da Igreja. Foi lá também que nasceu e se desenvolveu a minha vocação e onde, durante as férias do Natal, eu ficava meditando e saboreando aquela consoladora visão do Menino colocado sobre o altar, diante de mim e de todas as pessoas.

Tenho presente a imagem do Menino Jesus, de uma outra paróquia, com um olhar ao mesmo tempo terno e triste. Tenho diante de mim finalmente a imagem do Menino de Belém: olhos terníssimos, cheios de luz e de sorriso, com as mãozinhas juntas e dobradas para um lado, numa atitude que convida a tomá-lo e apertá-lo bem forte ao coração. Amo essa santa imagem. Em cada Natal, quero que esteja lá no presépio porque, de imediato, desperta, em quem o olha, desejo de amor e de abraço.

À escuta

Tomo nas mãos o evangelho de Lucas e leio devagar alguns versículos que narram o nascimento de Jesus nos campos de Belém. Sinto-me na atmosfera de festa e de grande emoção pelo Salvador surgido no meio de nós.

> Quando estavam ali, chegou o tempo do parto. Ela deu à luz seu filho primogênito, envolveu-o em faixas e deitou-o numa manjedoura, porque não havia lugar para eles na hospedaria (cf. Lc 2,1-20).

Para Maria e José, não havia lugar nas hospedarias de Belém. Depois dos 130 quilômetros de Nazaré a Jerusalém, haviam pedido a amigos e parentes um lugar para abrigo, mas todos encontravam um motivo legítimo para não os acolher.

No entanto, a hospitalidade era sagrada no mundo hebraico, desde quando Abraão, acolhendo os três homens (anjos) junto dos carvalhos de Mambré, tinha sido visitado pelo mesmo Deus (cf. Gn 18,1-15)! É verdade que Maria e José podiam encontrar um lugar em alguma estalagem, no meio de muitas outras pessoas, mas pensaram bem e concluíram que aquele não era o lugar apropriado para acolher o prodígio de um nascimento. Deus ama o recolhimento, o silêncio: somente nesse clima se faz sentir e nasce entre nós! Finalmente, alguém se aproxima dos esposos (um enviado de Deus?) e lhes indica a gruta pouco distante: não é um lugar suntuoso, mas pelo menos é coberto, recolhido e, sobretudo, quente.

Prefiro recolher-me no silêncio e adorar o mistério extraordinário e comovente desse nascimento divino num estábulo de ovelhas e cordeiros saltitantes, sob um céu cintilante de estrelas, acompanhado das harmonias angélicas, circundado pelo amor intenso de Maria e de José, a família que representa todas! Sinto profunda alegria e comovida gratidão, desejo de adoração e de abraço: "Aquele Menino é um dom do Pai para mim, para nós, para a humanidade.

É nosso. Ele nos pertence, é a nossa salvação, a nossa alegria, a nossa paz, é toda a nossa esperança".

Estou aqui, diante do Menino da minha casa. Contemplo-o, observo-lhe as formas, as expressões. A imagem remete a Jesus. Fico longo tempo em contemplação, deixando-me guiar por algumas palavras:

> E a Palavra se fez carne e veio morar entre nós. Nós vimos a sua glória (Jo 1,14).
>
> O povo que andava na escuridão viu uma grande luz (Is 9,1).
>
> A graça salvadora de Deus manifestou-se a toda a humanidade (Tt 2,11).
>
> Quem me viu tem visto o Pai (Jo 14,9).

Faço essas palavras passarem na mente, enquanto o coração expressa alegria, gratidão, adesão, desejo, amor, sentindo-me o coração da minha família, da minha Igreja e da humanidade.

Conta uma lenda que era o alvorecer em Belém quando Maria e José olhavam ternamente o Menino, que tinha adormecido. Naquele momento, abriu-se a velha porta do estábulo. Então apareceu uma anciã, coberta de farrapos. Maria a seguia com o olhar. A velha avançava, até ficar ao lado da manjedoura. Naquele momento, Jesus arregalou os olhos de repente e Maria se maravilhou vendo brilhar no olhar de seu menino uma luz e um sorriso intensos e mover os seus braços para a desconhecida. A velha se inclinou sobre o Menino, tirou dos seus vestidos um objeto e lho entregou; depois o abraçou e se sentiu abraçar: um abraço terníssimo que envolveu apenas o olhar da mulher, mas que foi mais eficaz que um raio.

O olhar de Jesus cheio de luz iluminou o rosto da mulher, as suas mãos, o seu coração, os seus pés, as suas vestes: e onde passava o olhar, como luz regeneradora, reaparecia a graça na pessoa, a beleza do vestido longo, a maciez dos cabelos, a serenidade do semblante. A mulher se levantou e, de novo exuberantemente jovem e bela, afastou-se da manjedoura e saiu. Maria e José puderam, finalmente, descobrir que nas mãozinhas de Jesus brilhava o fruto que Adão e Eva haviam comido no antigo paraíso, agora transformado em pão. "Eu sou o pão da vida: quem come este pão viverá eternamente".

O olhar de Jesus dá luz de salvação. Toda palavra sua é lâmpada para iluminar nossa vida; seu pão é força para caminhar nos caminhos do amor generoso. Com os magos e os pastores, também eu me sinto feliz porque estou aqui diante da imagem do Menino e me deixo renovar: nos pensamentos, nos desejos, na vontade, nos projetos.

A minha parada agora se faz oração insistente pelas famílias, pelos jovens, pelas crianças, pelos velhos, pelos doentes, pelos imigrantes, pelas nações de todo o mundo e especialmente pelo(a) meu(minha) esposo(a): também eu quero dizer a Jesus que faça novas e belas, segundo o seu coração, a Igreja e a humanidade de hoje.

Transcrevo a descrição do padre Paulo Arnaboldi, da santa família de Nazaré, na gruta do Centro FAC [Fraterna Ajuda Cristã] de Roma, em seu *Il più bel Bambino del mondo* [O mais belo Menino do mundo].

> No alto, no centro da gruta, a Mãe. Com o braço e a mão esquerda aponta o céu, como se dissesse: veio de lá! Com a mão direita aponta o seu Menino. Um Menino belo, sorridente (parece recém-saído dos braços da Mãe). Um belo Menino; de uns três anos. Está todo atirado para a frente,

com os bracinhos abertos e estendidos, em atitude de quem pede para ser abraçado. Está tão para a frente, tão atirado, que parece dizer: Pega-me!... E a atitude de Maria parece encorajar-te, e dizer-te: Pega-o! É a solução de todos os teus problemas!

Mais abaixo, à esquerda, está são José, que há pouco desceu os degraus que vem da sua oficina; e com uma mão, apontando o seu Menino, parece repetir-te: Pega-o! Pega-o!... Porque ele é a luz, a paz e a alegria.

Idealmente, fico naquela gruta de Roma e estendo os braços, porque estou pronto para acolher aquele Menino que quer ser meu, que quer ser a solução de todos os meus problemas, que quer ser o caminho de salvação para toda a humanidade. Abraço-o, aperto-o com força. Então, ouço dizer: "Vá até meus irmãos e diga-lhes que eu sou a salvação deles. Diga uma palavra de amizade".

Para a vida

- Sozinho ou com minha família, recolho-me para um momento de oração, para receber o deslumbramento da luz do semblante do mais belo Menino do mundo e para acolher a sua graça e a sua paz; mas olho com reconhecimento também Maria e José, suplicando-lhes que me ajudem a amar Jesus.

    Rezo o salmo 40(39).

- Neste mês, especialmente, procuraremos doar-nos reciprocamente, como casal, palavras e gestos de ternura.

4

Jesus escolhe amigos e colaboradores

Na carta apostólica sobre o Rosário, João Paulo II afirma:

> Fixar os olhos no rosto de Cristo, reconhecer seu mistério no caminho ordinário e doloroso da sua humanidade, até perceber o brilho divino definitivamente manifestado no Ressuscitado glorificado à direita do Pai, é a tarefa de cada discípulo de Cristo; é, por conseguinte, também a nossa tarefa. Contemplando esse rosto, dispomo-nos a acolher o mistério da vida trinitária, para experimentar sempre de novo o amor do Pai e gozar da alegria do Espírito Santo (RVM, n. 9).

À luz dessas palavras, gosto de parar para reviver o episódio da constituição do grupo dos Doze, que Jesus quis escolher justamente para admiti-los a uma comunhão particular consigo e, através dele, com o Pai. Contam-no Mateus 10,1-4; Marcos 3,13-19 e Lucas 6,12-16.

À escuta

Leio lentamente o trecho de Marcos, prestando atenção às palavras e aos gestos de Jesus. Procuro sentir-me dentro do fato. Vejo a cena com clareza, enquanto experimento sentimentos de alegria e confiança.

> Jesus subiu a montanha e chamou os que ele quis; e foram a ele. Ele constituiu então doze, para que ficassem com ele e para que os enviasse a anunciar a Boa-Nova, com o poder de expulsar os demônios. Eram: Simão (a quem deu o nome de Pedro); Tiago, o filho de Zebedeu, e João, seu irmão (aos quais deu o nome de Boanerges, que quer dizer "filhos do trovão"); e ainda André, Filipe, Bartolomeu, Mateus, Tomé, Tiago filho de Alfeu, Tadeu, Simão, o cananeu, e Judas Iscariotes, aquele que o traiu.

Estamos nos arredores de Cafarnaum. Pouco antes, uma série de situações havia reunido os chefes religiosos, os escribas e os fariseus contra Jesus. Estes já pensavam em expulsar o jovem Rabi. Mas Jesus não pára. Ninguém o detém. Leva avante com coragem e decisão o projeto de salvação da humanidade.

Ele começa reunindo em torno de si um grupo de discípulos, primícias do novo povo de Deus, e, portanto, os admite oficialmente na responsabilidade de compartilhar a sua missão. Segundo o costume, antes de acontecimentos importantes, Jesus passa a noite em oração, em grande solidão, no alto de um monte. Imerso na contemplação do rosto do Pai, sente-se totalmente um, no amor misericordioso dele, desejoso de levar avante o plano de salvação do mundo.

É Lucas quem determina a singularidade da oração e quem revela que Jesus escolhe os Doze ao raiar de um novo dia: é o dia em que Deus realiza a salvação, faz uma nova criação, uma nova humanidade.

Estou presente também nessa proclamação solene. Jesus está no meio, porque é o Mestre. Dirige seu olhar para aqueles seus doze amigos, examina um a um, o rosto e o coração deles, vê sua miséria e riqueza, circunda-os de imensa esperança e confiança. E os chama pelo nome, oferecendo amizade e responsabilidade: são adultos, capazes de entender e de querer, que ele ama ternamente e respeita infinitamente.

Também sob o meu olhar perfilam lentamente os nomes. Jesus pronuncia o nome; o chamado responde com um movimento em sua direção, acolhendo seu abraço e sentando-se perto dele. Jesus olha cada um, observa-os; parece ver a história de todos, passada e futura, com os entusiasmos, as traições, a teimosia: apesar de tudo, tem confiança e, misteriosa e gratuitamente, confirma a escolha de Pedro, André, Tiago, João... Judas Iscariotes, "aquele que o traiu".

Olho para Jesus e observo o chamado: há um encontro de olhares, corações, esperanças; os consoladores projetos e as grandes expectativas de Deus, através do olhar e da escolha de Jesus, abraçam os sonhos e os desejos dos homens. E será realmente um dia santo aquele que apenas começou.

Detenho-me, então, para distinguir algum detalhe que ilumine minha vida e a vida da minha família com a Palavra escutada. Peço que o Espírito Santo me ilumine.

"Subiu a montanha"

Jesus busca o encontro com o Pai. Por isso, precisa de solidão e silêncio. Sem se deixar condicionar pelo cansaço do dia, do caminhar, do falar, vai sozinho para o alto da montanha. "E passou a noite em oração", indica Lucas. Impressiona-me o fato de Jesus procurar tanto o silêncio e passar a noite em oração. Quem sabe quantas outras vezes terá feito isso! O silêncio não é mutismo, fechamento, mas é a condição indispensável para se entrar em contato com Deus: é o lugar da sua presença, é o lugar ideal da oração.

Antes de um acontecimento importante ou em circunstâncias especiais, qual espaço soubemos dar à oração? Agradeçamos vivamente ao Senhor se conseguimos passar uma noite inteira em oração! Como valorizamos o silêncio que nos acontece na vida cotidiana (no carro, sozinhos; à espera de um encontro ou do ônibus; quando entramos na igreja)? Procuramos espaços de solidão para nos dedicarmos a uma oração mais intensa? Que valor damos, na família, ao silêncio e à oração? Que sentido tem para nós a oração a dois?

"Chamou os que ele quis"

Jesus reuniu em torno de si algumas pessoas, não nobres, sábias ou ricas, mas somente ansiosas de bem e justiça. Quis que estivessem "perto" porque ele é o bem e a justiça, para fazer seus os desejos deles, para uni-los a seu projeto. Há uma vocação misteriosa e, por isso, gratuita: não é devida às qualidades da pessoa, mas é somente dom de amor, é um chamado ao envolvimento, partilha de responsabilidade, valorização do pouco que podemos fazer para uni-lo a Jesus: como as gotas de água com o vinho na missa!

De que maneira agradeço ao Senhor pelo chamado à existência? À fé? À família? Ao matrimônio com este(a) esposo(a)? Esses chamados não são méritos, mas sinais de amor por parte do Senhor; eles pedem uma resposta de amor: de que maneira nossa vida cotidiana expressa amor e alegria pelos dons recebidos? O que fazemos para nos aproximarmos cada vez mais dos pensamentos e dos projetos de Deus sobre nossa vocação ao matrimônio, sobre nossa família?

"Para que ficassem com ele"

Jesus nos garante amigos. Tem um grande amigo no céu que é o Pai, mas procura-os também na terra: "Vós sois meus amigos" (Jo 15,14). Vai querer que eles estejam próximos nos momentos dos grandes "sinais", como em Caná ou na multiplicação dos pães, e os quis próximos na agonia ("Não fostes capazes de ficar vigiando uma só hora comigo?" Mt 26,40).

Impressiona-me pensar que Jesus, verdadeiro Deus e também verdadeiro homem, precisa de companhia, e que Deus quer ter necessitade de colaboradores para sua missão! A amizade é um grande bem também entre os consagrados, também entre as famílias, como também entre os leigos. Sobretudo quando é vista como apoio recíproco para caminhar juntos para o Senhor e como força na ação pastoral.

Jesus quer amigos e colaboradores e deseja que o sejamos também entre nós. "Procurei quem me consolasse, mas não encontrei" (Sl 69[68],21): essa é a triste constatação do salmista, tornada realidade por Jesus e por muitos, também hoje; amigos que se tornam inimigos! Se me fecho em mim mesmo, também eu me torno inimigo tanto de Jesus como dos outros.

Como sentimos e vivemos a amizade com os familiares e com os vizinhos? Quantos colaboram nas atividades paroquiais? Com os sacerdotes?

Como sentimos e vivemos a amizade de Deus nos nossos confrontos? Que efeito nos faz saber que Deus nos quer como esposos, juntos, amigos e colaboradores? Esperamos passar juntos momentos de intimidade espiritual?

E nós nos aproximamos dele como de um amigo verdadeiro, procurando fazer nossos os seus desejos?

Para a vida

- O teu olhar, Senhor, pousou sobre mim e me escolheu para a vida e para a missão, qualquer que seja o meu estado de vida. Também Maria canta: "O Senhor olhou para a humildade de sua serva" (Lc 1,48). Também ela escolhida, chamada porque amada. Também José, homem "justo", amigo verdadeiro de Deus. Os dois muito próximos de Jesus na vida e nos desejos. Com eles verifico a beleza da minha vocação e da minha amizade para dizer no final: "A minha alma engrandece o Senhor" (Lc 1,47). Rezo o salmo 46(45).

- Neste mês, prolongaremos nossa oração da noite para agradecer ao Senhor.

5

O olhar de Jesus sobre os discípulos

Tive a possibilidade de visitar muitas igrejas orientais. Entrando e contemplando os edifícios sagrados, impressionou-me especialmente a imagem gigantesca do Cristo Pantocrátor, representada na abside. Sentia sobre mim um olhar forte, interrogador, envolvente. Toda a comunidade que se reúne deve sentir-se, certamente, reunida e tomada por aqueles olhos intensos. Encontrei também rostos de Jesus, colocados em posição central, em algumas famílias, como identificação cristã e como proteção do alto.

O olhar de Jesus está sobre nós, sobre nossa família, sobre todos os homens e mulheres do mundo. Um olhar sempre penetrante, que nos segue por todo lugar, ilumina e guarda. Como o sol que nos envolve de energia e luz.

À escuta

Meditando o evangelho de Marcos, segundo o itinerário litúrgico, fiquei tocado especialmente pelo seguinte trecho. Estou perto de Jesus, que vive o sofrimento pela separação de sua família e, ao mesmo tempo, a alegria da obediência amorosa à vontade do Pai.

> Jesus voltou para casa, e outra vez se ajuntou tanta gente que ele nem mesmo podia se alimentar. Nisso chegaram a mãe e os irmãos de Jesus. Ficaram do lado de fora e mandaram chamá-lo. Ao seu redor estava sentada muita gente. Disseram-lhe: "Tua mãe e teus irmãos estão lá fora e te procuram". Ele respondeu: "Quem é minha mãe? Quem são meus irmãos?". E passando o olhar sobre os que estavam sentados ao seu redor, disse: "Eis minha mãe e meus irmãos! Quem faz a vontade de Deus, esse é meu irmão, minha irmã e minha mãe" (Mc 3,20.31-35).

Estamos no primeiro ano da vida apostólica de Jesus, na cidade de Cafarnaum. Fazia pouco tempo, ele havia escolhido seus doze amigos "para estarem com ele e para que fossem pregar o Evangelho e curar os doentes" (Mc 3,14-15); falava para a multidão ao ar livre e depois, "em casa", "privadamente", explicava cada coisa. Parece já estar delineado um grupo particular que fez a opção de seguir Jesus, de se colocar na sua escola e de viver segundo o seu ensinamento.

Jesus tinha deixado sua cidadezinha, onde vivera por trinta anos sem ser notado. Os concidadãos, de fato, o haviam acolhido mal e se irritado a ponto de querer matá-lo (cf. Lc 4,16-30). Tinha se transferido, portanto, para Cafarnaum. Aqui circula com liberdade, enfrenta controvérsias com os escribas e os fariseus, cura os doentes, liberta do demônio, anuncia a Palavra através das parábolas.

Age abertamente, mas depois, para dar explicações, entra em uma casa. Certamente é a casa de Pedro! Aqui muitas pessoas se reúnem a seu redor; ele explica, responde às suas perguntas, olha de perto cada um dos presentes. Observa-os, penetrando o coração, a mente, os sentimentos deles. Diante de Jesus, cada um é uma página aberta e clara. Ele sabe o que está no coração do homem, conhece os pensamentos e os bons desejos, como também a malícia e a maldade de quem dele se aproxima com más intenções. Pois bem, Jesus observa a sinceridade daqueles que o seguem, que o escutam e que tentam viver como ele. Observa também a mim e a minha vida! Agora!

Eu também procuro entrar naquela casa para sentir o calor e a intensidade desses encontros "familiares" de Jesus. A ternura daquele rosto e daquelas palavras conquista a todos. Jesus sente que esses discípulos são a sua verdadeira e nova família, aquela que ele veio para fundar, como sacramento de salvação para todo o mundo.

De repente, alguém abre caminho por entre os presentes e, como pode, procura chegar diante de Jesus que, sentado, continua tranqüilamente seu ensinamento. "Mestre, lá fora estão tua mãe e teus familiares. Querem que tu voltes com eles!", relata o mensageiro. Seus familiares, observando o comportamento de Jesus (comia pouco, caminhava todo o dia, falava durante horas, ficava acordado à noite) e, sobretudo, percebendo as reações raivosas dos chefes religiosos e dos nazarenos, estavam preocupados com a saúde física e mental do seu parente. E humanamente sentem-se no dever de mantê-lo em lugar seguro. "Quando seus familiares souberam disso, vieram para detê-lo, pois diziam: 'Está ficando louco'" (Mc 3,21).

E assim se formam dois grupos, duas famílias: uma "em casa" com Jesus, unida ao redor de sua pessoa e reunida por sua palavra; uma outra "fora", sem Jesus, que se conserva unida pelos vínculos de parentesco e de sangue.

Jesus se levanta e, no silêncio geral, faz girar sua mão e seu olhar sobre os presentes, como para contá-los, para aprová-los, para confirmá-los na pertença dele. Assim, ele define sua nova família, enquanto deixa a família unida a ele por vínculos de sangue. Também os seus familiares, se quiserem ser dos seus, devem entrar naquela casa e pôr-se à escuta da Palavra. Todos os homens e mulheres de todos os tempos podem passar a fazer parte da família de Jesus, da Igreja, com uma única condição: acolher e viver a Palavra. Imagino a alegria dos presentes na casa, a desilusão daqueles de fora. Obrigado, Jesus, por essa escolha!

"Jesus entrou em casa"

Jesus volta para casa (a casa de Pedro, em Cafarnaum) depois de ter estado na sinagoga, de ter pregado à beira do mar e após a parada no monte para a oração e a escolha dos Doze. Marcos sublinha freqüentemente este "entrar em casa" por parte de Jesus. Ele ama a casa, o lugar da família; não possui uma casa, mas as casas de todos podem se tornar "sua" casa, com a condição de que ali ele seja acolhido, que a Palavra de Deus ali seja lida. Diz João Paulo II às famílias:

> Fazei do Evangelho a regra fundamental da vossa família, e da vossa família, uma página do Evangelho escrita para o nosso tempo! (26.1.2003).

Como manifestamos nossa fé em Jesus, presente e operante em nosso lar e na vida de nossa família? Que sentido damos às imagens religiosas expostas na casa? Temos dentro de casa um canto reservado para a oração? Como o utilizamos?

"Os teus estão lá fora e te procuram"

Chegam os familiares de Jesus, todos preocupados com sua saúde física e mental. Convenceram até Maria a segui-los. Procuram-no porque preocupam-se com a honra da família, temem a vergonha que pode fazê-los passar esse "parente", que dá sinais de estranheza, e desejam fazê-lo compreender que deve pensar, antes de tudo, nos seus familiares, utilizando seus poderes em favor deles. Afinal, esse é o costume no mundo dos homens.

Para Jesus se renova, forte e insistente, a tentação: aderir ao projeto de Deus ou ao dos homens? Compreendo que se pode procurar Jesus com não boas intenções: apropriar-se dele para ter vantagens materiais, com objetivos humanos, para pedir-lhe que nos ajude em nossos projetos. Jesus decididamente não cede a essas pressões; ele não desiste de obedecer totalmente à vontade do Pai.

Quando oramos: "Seja feita a vossa vontade", que sentido damos a essas palavras? Quando lemos o Evangelho, procuramos adaptá-lo aos nossos pensamentos e aos nossos comportamentos, ou nos deixamos provocar por sua verdade, ainda que seja incômoda? Os nossos gestos conjugais são todos iluminados pela Palavra de Deus?

Fixando o olhar

Jesus está no centro da sala e de todos (o centro, o coração de tudo não pode ser senão ele!) e dirige o olhar para os presentes. Faz esse gesto em todos os momentos importantes, quando os fariseus o criticam porque cura em dia de sábado (Mc 3,5), enquanto fala aos discípulos do perigo da riqueza (Mc 10,23), quando entra no templo de

Jerusalém (Mc 11,11). Imagino um olhar luminoso, intenso, penetrante, que pode dar segurança e alegria ou provocar incômodo; um olhar que cura pedindo amor e confiança; um olhar que purifica e salva profundamente.

Quando paro diante do Senhor na missa, ou aos pés do tabernáculo, ou então quando é proclamada a Palavra de Deus, como percebo que Jesus me olha realmente, que seu olhar naquele momento me conforta, me ilumina, me dá coragem e luz? O que me faz compreender que Jesus, a sua Palavra, estão no centro, no coração da minha pessoa, da minha vida, da minha família? Como estou, quando estou diante do Senhor com o(a) meu(minha) esposo(a)?

"Quem faz a vontade de Deus..."

Eis o novo caminho para entrar na amizade com Jesus, para que o ramo permaneça bem unido à videira e dê frutos abundantes (cf. Jo 15,1-11). Lucas identifica quem são os verdadeiros discípulos de Jesus: "Aqueles que ouvem a Palavra de Deus e a põem em prática" (8,21). Também Maria entrou na nova família de Jesus através da acolhida dócil da Palavra de Deus. Assim como José. Esse casal consagrado compreendeu logo que para acolher o dom de Deus e pertencer a ele o caminho era apenas um. Afinal, o próprio Jesus havia expressado sua união com o Pai cumprindo fielmente sua vontade. Desde jovem o diz (Lc 2,49), quando ensina (Jo 4,34), no Getsêmani (Mc 14,36) e na cruz (Jo 19,30).

Como encontro na Palavra a luz e a força para cumprir a cada dia e em cada momento a vontade de Deus na minha vida e na de minha família?

Para a vida

- Sinto o olhar de Jesus sobre mim. É o momento da oração: "Faze brilhar sobre nós a luz da tua face, Senhor". Posso orar o salmo 66(65): "Deus tenha pena de nós", e sentir a luz daquele rosto santo que me aquece, me purifica, me "bronzeia" de Palavra, me torna forte na obediência ao Senhor e luminoso de bondade na minha família e na minha comunidade.
- Neste mês, meditaremos juntos o Evangelho, com especial atenção.

6

O olhar de Jesus sofredor

Acontece a todos precisar passar por um hospital e ao lado de doentes, ou também de experimentar pessoalmente uma situação de dor. "Completo, na minha carne, o que falta às tribulações de Cristo" (Cl 1,24). O sofrimento faz parte da vida terrena, mas Jesus o transformou em ocasião de salvação. O olhar de Jesus pousa amorosamente sobre quem sofre para lhe dizer: "Permita-me amar-te na tua dor, cuidar do teu mal, compartilhar a tua aflição, transformar em bênção o teu sofrimento".

Sinto sobre mim o olhar misericordioso de Jesus, que me envolve e que, hoje, me guia para entender o mistério da dor. Vejo esse olhar divino pousado sobre os sofrimentos que os esposos e as famílias devem enfrentar. E então começo a orar: "Tu que tomaste sobre ti todas as dores do mundo, faze que estas se tornem, pela tua graça, ocasião de crescimento na fé e no amor".

À escuta

Leio com muito gosto o evangelho de Mateus. Cada palavra é mensagem de luz, é estilo de amor, é graça de verdade. Retiro-me à parte, depois de ter invocado com insistência o Espírito Santo. Jesus fala da sua paixão. Eu estou lá e escuto com tremor e confiança.

> A partir de então, Jesus começou a mostrar aos discípulos que era necessário ele ir a Jerusalém, sofrer muito da parte dos anciãos, sumos sacerdotes e escribas, ser morto e, no terceiro dia, ressuscitar. Então Pedro o chamou de lado e começou a censurá-lo: "Deus não permita tal coisa, Senhor! Que isto nunca te aconteça!". Jesus, porém, voltou-se para Pedro e disse: "Vai para trás de mim, satanás! Tu estás sendo para mim uma pedra de tropeço, pois não tens em mente as coisas de Deus, e sim, as dos homens!".
>
> Então Jesus disse aos discípulos: "Se alguém quer vir após mim, renuncie a si mesmo, tome sua cruz e siga-me. Pois quem quiser salvar a sua vida a perderá; e quem perder a sua vida por causa de mim a encontrará" (Mt 16,21-25).

Jesus há mais de um ano proclama a Palavra de Deus em toda a Palestina, e especialmente na Galiléia. Estamos no verão, faz muito calor e ele prefere passar alguns dias com os seus, em lugares mais frescos, como, por exemplo, na alta Galiléia, no território de uma cidadezinha nova, chamada Cesaréia de Filipe, perto das nascentes do rio Jordão. É lá que, num momento de descanso e de calma, ele faz aos seus discípulos aquela perturbadora pergunta: "Quem sou eu para vós?". Pedro responde, movido por uma luz divina: "Tu és o Cristo". Um ímpeto de entusiasmo e de fé ao qual se associaram também os outros.

Nesta palavra, "Cristo", estavam contidas as esperanças de Israel sobre uma intervenção do Senhor que libertasse dos inimigos e instaurasse um reino novo. À parte a fácil confusão política, Pedro proclama Jesus verdadeiro Messias, mas no seu coração pensa, sobretudo, em ações materiais vitoriosas, em gestos triunfais de força, em sucessos e aplausos retumbantes. E Jesus distingue o modo, as características para si e para nós, para instaurar o Reino: Deus escolheu o caminho do sofrimento, do aniquilamento, do sacrifício, ou melhor, do amor que se doa, aceita a dor e o sacrifício para libertar do mal e gerar nova vida.

Assim Jesus fala da sua paixão e morte, lançando seus discípulos no desconcerto e no medo. Fala disso três vezes (Mt 16,21-25; 17,22-23; 20,17-19). E por três vezes explica que também aqueles que querem estar com ele, fazer parte da sua família, devem percorrer a mesma estrada, sob pena de exclusão da salvação.

Tento imaginar o desapontamento de Pedro, há pouco exaltado pelas aprovações dos companheiros e, sobretudo, pelas promessas de Jesus ("Tu és Pedro e sobre esta pedra construirei a minha Igreja", Mt 16,18). Até a ponto de se considerar autorizado a "repreender" o Mestre sobre esse assunto, embora o fizesse com delicadeza ("chamou-o de lado", v. 22). O fato é que Pedro – e nós com ele – não quis saber do caminho do sofrimento, da derrota, da dor, da morte; para a mente humana, aquelas palavras soam absurdas. Pedro quer vencer e triunfar à maneira humana: os outros devem sofrer e se entristecer; ele quer estar bem. Diversamente, que vida seria? Deus, que Deus seria?

Jesus com extrema clareza adverte Pedro com duas admoestações. Enquadra-o, antes de tudo, na sua justa posição: ele deve estar atrás do Mestre – em outras palavras, ser seu discípulo; manifesta-lhe depois o risco de ser escandaloso para Deus, com o seu modo de pensar (v. 23). De nós vem a mentira; só de Jesus vem a verdade.

Jesus escolheu o caminho do amor que se imola, segundo a lei do grão de trigo (Jo 12,24). São chamados a caminhar nesse caminho todos os que querem fazer parte da sua família e chegar à vida plena e feliz. Não a busca masoquista da dor, mas a aceitação humilde e amorosa da vida humana, caracterizada por fadigas, incertezas e sofrimentos. Como Jesus, vivendo a cruz e a dor, chegou à ressurreição e levou salvação a todos, assim também nós, percorrendo o mesmo caminho, chegaremos à vida verdadeira e ajudaremos os outros a alcançar a felicidade.

Agora, vou colocando o acento em alguns detalhes para a meditação pessoal e familiar. Posso lembrar-me do Evangelho, ou então acolho as seguintes provocações. Que o Espírito Santo me guie.

"Devia sofrer muito"

Jesus declara abertamente a seus discípulos que escolheu o caminho do sofrimento e da derrota (cf. Fl 2,6-11). Jesus, o Vivo, para nos doar seu amor e para nos salvar, aceitou vir ao mundo para sofrer e morrer, em tudo semelhante a nós, menos no pecado. Entrou na nossa natureza humana, assumiu toda a fraqueza e fragilidade, a dor, a angústia, a morte e até a tentação. Caminhou no caminho do homem e, de dentro de sua fraqueza e sofrimento, fez brotar o amor, tornando-se capaz de bens maiores, de paz, de ressurreição, de alegria completa.

Que sentimentos experimento (gratidão, comoção, encorajamento, esperança...) considerando que Jesus, que vem ao mundo para doar a vida, faz sua a nossa tribulação, identifica-se com quem sofre, salva-nos amando no sofrimento? Estou consciente de que também os cansaços de amar-nos são oportunidades para crescer?

"Pedro começou a censurá-lo"

Pedro não se conforma, não consegue compreender o sentido da dor e da fraqueza. Ou melhor, parece não querer entender. Ele sabe que a dor é uma desgraça e pronto! E que a derrota não pode ter nada de positivo. Como cada um de nós, ele tem na mente e no coração os pensamentos humanos, a mentalidade corrente, segundo a qual somente está bem e é feliz quem tem dinheiro, goza de boa saúde e consegue prevalecer sobre os outros.

Quais são os meus pensamentos diante da dor que atinge a mim ou aos meus familiares? Quando encontro o sofrimento, quais sentimentos experimento (rebeldia, tristeza, impotência...) para com Deus, para com a vida, para com os outros?

"Renuncie a si mesmo"

Jesus não recua de seu projeto nem por si nem pelos outros, e não dispensa ninguém. "Se o grão de trigo que cai na terra não morre, fica só, não dá fruto" (Jo 12,24); disse isso também para nós. O sofrimento, o cansaço, até mesmo a morte, não é caminho para a derrota, como temem os nossos instintos e a mentalidade corrente, mas para o sucesso verdadeiro, para a vida plena. É preciso fazer a passagem dos pensamentos humanos para os de Deus através de uma imersão cotidiana no Evangelho e em Jesus.

"Senhor, eu procuro o teu rosto". Jesus nos convida a encontrar nele luz e esperança em relação ao mistério da dor. Nós, esposos, o que fazemos para passar dos nossos pensamentos aos de Deus em relação ao sofrimento? Para passar do medo à entrega ao Senhor?

"Tome a sua cruz"

A cruz não deve fazer pensar em dois pedaços de madeira cruzados. Esse termo, aqui, nos remete ao peso da cotidianidade da vida, ao cansaço da fraqueza humana, à experiência freqüente da dor. E "tomar" significa aceitar, acolher com confiança, com amor. Reclamar, recusar, enraivecer-se, para que serve? Todos experimentamos isso. Tomar a cruz é colocar amor (obediência ao Pai e intercessão pelos outros), confiança, esperança e entrega a Deus ao longo do cansaço cotidiano.

Parece fraqueza abraçar em silêncio a própria vida com toda a fragilidade. E, no entanto, no testemunho de Jesus descobrimos que isso é grande força. Que coisa da minha existência, da minha família e da vida do mundo não consigo aceitar? De que maneira, muitas vezes, consigo acolher com serenidade a minha condição frágil? Na família, como nos ajudamos a acolher a dor segundo a visão evangélica?

"... a encontrará"

Os grandes bens da vida eterna, plena e feliz no paraíso, os bens da serenidade e da paz, da harmonia e da santidade, da conversão dos pecadores são fruto desse caminhar humilde e generoso no caminho do cansaço e do sofrimento. Deus não tira obstáculos ou sofrimentos. Ele nos trata como pessoas adultas e responsáveis. Coloca-se ao nosso lado e conosco enfrenta cada situação; de vez em quando nos toma nos braços, se nós nos entregarmos totalmente a ele.

O caminho da dor, percorrido com amor, leva a bens maiores para mim, para os outros e para toda a Igreja. De que maneira consigo cultivar esse pensamento quando sofro e com-

partilhá-lo com os meus familiares e amigos que vivem tempos de sofrimento? Diante do pensamento da morte, como a certeza da ressurreição nos tranqüiliza?

Para a vida

- Estou ao lado de Maria e de José, que vivem com Jesus tempos de sofrimento desde a infância. Olho para eles e os interrogo. O Evangelho me responde por eles, que não pedem milagres, mas vivem o próprio cansaço, totalmente abandonados à misericórdia de Deus e em grande paz entre eles. A eles peço esse dom, meditando o salmo 73(72).

- Neste mês, se acontecer de nos encontrarmos com a dor e o cansaço, procuraremos orar com mais fé.

7

O olhar de Jesus crucificado

Estou aos pés da cruz, em companhia de Maria, a Mãe, agora também nossa Mãe, Mãe dos pecadores chamados à santidade; ao lado de João, o discípulo predileto, meu representante naquele lugar de imolação; ao lado de Maria Madalena, que chora de dor e de amor. Ali estão também as outras mulheres. Não estamos perto da cruz, pois os soldados vigiam para que ninguém se aproxime. Mais adiante, os escribas e fariseus se alegram ruidosamente porque o caso de Jesus agora está encerrado. Há também os curiosos, aqueles que, com superficialidade, querem ver como a coisa vai terminar. Aos golpes de martelos e aos gritos agitados dos carrascos, sucedem-se terremoto, trovões, relâmpagos e chuva. Não temos medo; estamos angustiados e atordoados pelo absurdo do acontecimento.

Depois, aquele grito de Jesus dirigido ao Pai que atravessa o céu e a terra, e, depois, o seu entregar-se no abandono da morte. Há, finalmente, o gesto do soldado que o fere no coração, permitindo que jorrem sangue e água, símbolos dos sacramentos da Igreja, sinal da Esposa-Igreja. "Olharão para aquele que traspassaram" (Jo 19,37).

Olhando o Crucificado, sinto sobre mim o olhar de Jesus que está morrendo; um olhar que penetra em profundidade, purifica, encoraja, censura, pede confiança: um olhar de amor e misericórdia.

À escuta

Penso novamente em alguns momentos importantes da sua vida, que destacam o mistério de sua morte e de sua doação. Percorro-os novamente ao vivo, porque estou dentro deles com todo o meu ser.

Anúncio da traição

Durante a última Ceia, Jesus não consegue desviar o olhar de Judas e de Pedro. Não porque os outros não merecessem atenção, mas porque ambos estão para combinar alguma coisa tremenda, impensável. E não percebem. Estão demasiadamente tomados pelo orgulho, por certezas, por projetos ilusórios. E eu estou lá, com João, colocando a cabeça sobre o peito de Jesus, para escutar de seu coração o grito de angústia, o apelo à vigilância, o chamado a acordar do torpor da tentação.

> Jesus ficou interiormente perturbado e testemunhou: "Em verdade, em verdade, vos digo: um de vós me entregará". Então, Jesus molhou um bocado (de pão) e deu a Judas, filho de Simão Iscariotes. Depois do bocado, Satanás entrou em Judas. Jesus então lhe disse: "O que tens a fazer, faze-o logo".

> Pedro disse: "Senhor, por que não posso seguir-te agora? Eu darei minha vida por ti!". Jesus respondeu: "Darás tua vida por mim? Em verdade, em verdade, te digo: não cantará o galo antes que me tenhas negado três vezes" (cf. Jo 13,21-38).

O olhar de Jesus se encontrou com os rostos de Judas e de Pedro: um encontro cheio de amargas mensagens para um e para outro. Mas eles não compreenderam que estavam sendo olhados, amados, chamados, talvez somente porque, já tomados por si mesmos, tinham o rosto voltado para o chão. Somente mais tarde, Pedro vai se dar conta da misericórdia que emanava do semblante terno do Mestre. "Então o Senhor se voltou e olhou para Pedro. E Pedro lembrou-se da palavra que o Senhor lhe tinha dito" (Lc 22,61).

Quando a tentação bate em meu coração e em minha mente, o olhar de Jesus pousa sobre mim para me chamar e salvar; assim também, depois do pecado, aquele olhar não me deixa até que eu caia arrependido aos seus pés. Esta palavra me consola muito: de que maneira agora louvo e agradeço o Senhor porque seu olhar está constantemente pousado sobre mim, sobre minha família, como proteção e salvação?

A loucura da paixão

Gostaria de passar em revista as pessoas que Jesus encontrou nos momentos da sua paixão: os soldados, os escribas e os fariseus, os chefes religiosos do sinédrio, Pilatos, a multidão reunida e a que estava no caminho do Calvário. Também Herodes, ao qual "Jesus não respondeu nada" (cf. Lc 23,8-12), deve ter encontrado o olhar do Mestre. Rostos que faiscavam de raiva, desprezo, ódio. Jesus os encontra a todos, um por um. Certamente para cada um se repete o que aconteceu com o jovem rico: "Jesus, olhando bem para ele, com amor lhe disse: Vem e segue-me!" (Mc 10,21). Mas não podendo fazê-lo individualmente, então "Jesus dizia: Pai, perdoa-lhes! Eles não sabem o que fazem!" (Lc 23,34). Um olhar de misericórdia, embora os presentes não estivessem dispostos a recebê-lo.

Aqui, diante de Jesus, passo em revista o mundo de hoje, aqueles que não crêem e os cristãos que dizem crer. Também hoje, aquela palavra de perdão percorre o globo de um lado a outro, ininterruptamente. O que nós, esposos, podemos fazer para que algum amigo que deixou a fé se deixe atingir por aquele olhar de perdão, por aquela mensagem de salvação?

O olhar dos amigos

Estamos no ponto mais alto. Jesus, mais com o coração do que com os olhos, fixa seu olhar sobre os amigos, que estão lá entristecidos, impotentes, participantes da mesma paixão, consoladores afetuosos e muito amados. Jesus os olha com ternura e gratidão, confiando-lhes, como presente, sua Mãe, como garantia da eficácia da salvação partilhada com todos.

> Grande número de mulheres estava ali, observando de longe. Elas haviam acompanhado Jesus desde a Galiléia, prestando-lhe serviços (Mt 27,55).

> Um dos malfeitores acrescentou: "Jesus, lembra-te de mim quando começares a reinar" (Lc 23,42).

> Junto à cruz de Jesus estavam de pé sua mãe e a irmã de sua mãe, Maria de Cléofas, e Maria Madalena. Jesus, ao ver sua mãe e, ao lado dela, o discípulo que ele amava, disse à mãe: "Mulher, eis o teu filho!" Depois disse ao discípulo: "Eis a tua mãe!" (Jo 19,25-27).

Jesus pede também a mim, também a nós, esposos, que sejamos seus consoladores junto daqueles com os quais se identificou: os doentes, as pessoas sozinhas, os pobres, os moribundos, os excluídos. O que fazemos para oferecer-lhes um olhar de aproximação amorosa e de consolação?

Para a vida

- Observo Jesus crucificado com o rosto voltado para o Pai, expressão de unidade profunda entre eles, de amor comum para salvar o mundo: "Pai, em tuas mãos entrego o meu espírito" (Lc 23,46). Um diálogo de amor e de confidência que me convida a atirar-me desde agora nos braços do Pai, e, sobretudo depois, quando a dor e, ainda depois, a morte chamarem para a passagem para o mundo de Deus.

    Rezo devagar o salmo 22(21). Da cruz, que um olhar de misericórdia envolva todos nós e nos torne misericordiosos.

- Neste mês, vamo-nos fazer presentes, discretamente, junto de alguns casais amigos em dificuldade.

8

O olhar de Jesus ressuscitado

Celebramos os dias santos da Páscoa da ressurreição do Senhor. Vemos diante dos nossos olhos brilhar a luz radiante do círio pascal, aquela luz que não conhece ocaso e que, ao contrário, vai aumentando em extensão e intensidade. A cada passo nos surpreende o pensamento da Sexta-feira Santa, porque a vida nos leva freqüentemente a compartilhar no nosso hoje a paixão do Senhor; mas, depois, reacende a luz da Páscoa com a consciência da alegria pela vida nova que o Ressuscitado nos participou. Nesse ir e vir, nesse contínuo passar e repassar da Sexta-feira para a Páscoa, encontro o evangelho de Lucas, que agora leio com atenção.

À escuta

Retiro-me para um lugar tranqüilo, onde revivo a cena de Jesus, radiante, com os discípulos, ainda tensos e tristes. No Cenáculo, santuário de mistérios divinos, estou presente e experimento grande consolação.

> Os discípulos de Emaús contaram o que tinha acontecido no caminho, e como o tinham reconhecido ao partir o pão.

> Ainda estavam falando, quando o próprio Jesus apareceu no meio deles e lhes disse: "A paz esteja convosco!". Eles ficaram assustados e cheios de medo, pensando que estavam vendo um espírito. Mas ele disse: "Por que estais preocupados, e por que tendes dúvidas no coração? Vede minhas mãos e meus pés: sou eu mesmo! Tocai em mim e vede! Um espírito não tem carne, nem ossos, como estais vendo que eu tenho". E dizendo isso, ele mostrou-lhes as mãos e os pés. Mas eles ainda não podiam acreditar, tanta era sua alegria e sua surpresa. Então Jesus disse: "Tendes aqui alguma coisa para comer?". Deram-lhe um pedaço de peixe assado. Ele o tomou e comeu diante deles (Lc 24,35-43).

Entro discretamente na grande sala enfeitada do Cenáculo. Jesus está com os seus discípulos, numa cena de intensa emoção e intimidade. Ele está comovido por poder abraçá-los novamente, assim como eles. Meu coração pensa que, além dos Onze, poderiam estar presentes também algumas mulheres, especialmente Maria Madalena (Mc 16,9-10). Os evangelhos não falam delas, mas certamente elas tinham subido aquelas escadas, depois da descoberta do túmulo vazio (cf. Mt 28,1-10), e trazido o anúncio da ressurreição aos apóstolos; e, apesar de todas as precauções que aqueles homens tinham tomado, certamente a discussão estava ainda acontecendo. E quero pensar que provavelmente estivesse também Maria, já imersa na alegria da bela notícia que ela mesma trazia no coração depois de ter-se encontrado com o Filho ressuscitado, com toda probabilidade, nas primeiras luzes da aurora.

Jesus tem palavras de perdão para aqueles seus amigos que na hora das trevas o haviam abandonado e fugido. Mas, sobretudo, tem palavras de tranqüilidade. Tinha-lhes falado da ressurreição no terceiro dia. Havia dado o anúncio dela trazendo Lázaro novamente à vida e proclamando ser "a ressurreição e a vida" (Jo 11,25). Nunca havia acontecido que alguém tivesse voltado à vida depois da morte; por isso, compreendo a perplexidade e a incredulidade dos discípulos (Mc 16,14).

Jesus tem palavras fortes, insistentes, para tranqüilizar sobre sua nova vida, sobre a realização da promessa feita: "Vede minhas mãos e meus pés: sou eu mesmo! Tocai em mim e vede". João lembra que Jesus teve palavras fortes para Tomé, que queria "ver" e "tocar" os sinais da paixão. Jesus lhe disse: "Põe o teu dedo aqui e olha as minhas mãos" (Jo 20,27).

Provavelmente, no coração dos discípulos, reinava a alegria, mas na mente ofuscada pelo medo estava ainda presente a dúvida. Observo Jesus na sua colocação com calor, com insistência, tranqüilizando e dando provas de não ser um fantasma, mas uma pessoa glorificada. Suas palavras e seus gestos são focalizados pelo olhar cheio de luz e alegria: um olhar que comunica convicções e certezas, transmite paz e serenidade. Os discípulos não tiravam seu olhar do rosto de Jesus; estavam fascinados e presos, tanto é verdade que eles estavam cheios de alegria (Jo 20,20; Lc 24,41).

Meu olhar se amplia e encontro os rostos das mulheres, luminosos e reavivados pela luz do Ressuscitado; vejo, especialmente, Maria Madalena com o rosto e o coração curados pelo olhar e pela voz do Senhor aparecido no jardim (cf. Jo 20,11-18). Fico tocado, sobretudo, pela clareza do rosto de Maria, a Mãe, que tem os olhos fixos em Jesus, arrebatada pela luz que dele emana. Olho Maria, porque o papa me disse que devo aprender com ela a olhar Jesus, a contemplá-lo, enquanto recito o rosário nos mistérios da alegria, da luz, da dor e da glória. "Maria vive com os olhos em Cristo e guarda cada palavra sua" (RVM, n. 11).

Tomo entre as mãos uma página desta carta e me coloco na escola de Maria, verdadeira discípula do Senhor e nossa mestra.

A contemplação de Cristo tem em Maria o seu modelo insuperável. O rosto do Filho pertence-lhe sob um título especial. Foi no seu ventre que se plasmou, recebendo dela também uma semelhança humana que evoca uma intimidade espiritual certamente ainda maior. À contemplação do rosto de Cristo, ninguém se dedicou com a mesma assiduidade de Maria (RVM, n. 10).

Maria se sente olhada pelo Senhor: "Olhou para a humildade da sua serva" (Lc 1,48). Ela percebe um olhar cheio de predileção, ternura e complacência, que a faz dançar de alegria diante de Isabel e a faz permanecer em pé confiante, aos pés da cruz. Quais sentimentos experimento em mim ao pensar que Deus, meu Pai, tem seus olhos voltados para nós, esposos, para se alegrar conosco e nos guardar? Tomo consciência de que Deus olha com complacência também a minha família ou a minha comunidade?

Maria volta seu olhar terno e doce para Jesus e para José, um olhar de amor, confiança, doação e perdão. Como olho meu(minha) esposo(a), meus familiares, os membros da minha comunidade, os amigos, os estranhos, os diferentes, aqueles que me fizeram mal? Consigo aprender com Maria a esquecer de mim mesmo(a) para oferecer um olhar, conforme a necessidade de quem está diante de mim? De que maneira o olhar expressa a ternura do coração?

De Maria aprendo a olhar Jesus salvador. Ela o contemplou com os olhos da carne e da fé. Pode ensinar também a nós, enquanto recitamos o terço.

Cada mistério se abre com um convite à contemplação. *Contemplar* significa muito mais que olhar ou ver; significa deixar-se absorver por alguma coisa ou por alguém. O terço sugere um modo tão simples quanto eficaz para se deixar envolver pelo mistério: reviver algum episódio da vida terrena de Jesus. A contemplação dos mistérios consiste em imaginar aquelas cenas como se acontecessem neste momento; cenas das quais nós mesmos fazemos parte, como qualquer pessoa. Enquanto se repete a ave-maria, o coração revive as emoções daquele fato e sente o olhar de Jesus sobre si.

O terço leva facilmente a família, que o recita reunida, a honrar a Mãe de Deus e a Rainha das famílias. Alguma vez durante o ano, apesar da pressa e dos muitos empenhos que diferenciam a vida cotidiana, nos recolhemos em família para celebrar essa oração mariana? Com quais pensamentos e sentimentos? De que maneira conseguimos "contemplar" os mistérios do Senhor e, ao mesmo tempo, orar com fé? Que benefícios essa oração traz para nossa família?

Para a vida

- Podemos terminar, orando: "Ó Rainha, mostra-nos o teu Filho Jesus". Peçamos que Maria nos ensine a olhar o seu Filho e a nos deixar olhar por ele. Para sermos salvos e cheios de alegria. Para voltarmos às ocupações com o coração ardente e os membros revigorados.

  Rezo o salmo 99(98).

  Penso também em José, o primeiro "devoto" de Maria, em como a olhou e aprendeu com ela a olhar Jesus e a deixar-se olhar por ele.

- Neste mês, tentaremos recitar de vez em quando, juntos, o terço.

Oração final

Aumenta a esperança

Hoje eu senti muita vontade de desanimar... Tinha pelo menos cinco motivos para ceder ao desânimo. Dizia a mim mesmo(a): "Chega, não quero mais!". Parece que me tornei uma lata de lixo: por que todos jogam sobre mim seus dissabores e sofrimentos? Não percebem a minha impotência?

Meus olhos encontraram uma roseira. Alguém a plantou para mim, para que passando por ela hoje pudesse me alegrar com seu esplendor e deliciar-me com seu perfume.

Hoje eu senti muita vontade de desanimar. Tinha pelo menos quatro motivos para me abater. Dizia a mim mesmo(a): "Por que, logo que elevo a cabeça para retomar o fôlego, bato a cabeça em outro obstáculo que me derruba novamente? Por que tudo dá errado para mim?".

O artífice batia forte no ferro e a cada batida o objeto adquiria forma, tornando-se uma obra-prima para enfeitar o leito dos esposos.

Hoje eu senti muita vontade de desanimar. Tinha pelo menos três motivos para não me importar com todos e com tudo. Dizia a mim mesmo(a): "Cada um tem seus problemas. São todos egoístas. Quem pensa em mim?".

Deparei-me com o rosto de um menino: olhos azuis, face redonda, viçosa, rosada; brilhava como estrelas da noite: não para si, mas para todos os que o encontravam.

Hoje eu senti muita vontade de desanimar. Tinha pelo menos dois motivos para deixar-me dominar pelo pessimismo. Dizia a mim mesmo(a): "Tudo vai mal. Vejo somente notícias tristes: casais que se separam, jovens e adolescentes envolvidos nas drogas, crianças profanadas. Onde está o Senhor?".

A cruz do campanário ergue-se lá no alto, como uma mensagem perene: "Deus te ama muito. Quer te abraçar e apertar-te ao seu coração de amigo e de Pai!".

Hoje eu senti muita vontade de desanimar. Tinha pelo menos um motivo para desanimar. Dizia a mim mesmo(a): "Por que ninguém fala do bem? Talvez não exista ou ninguém o queria realizar".

Encontrei este texto: "A alegria se fundamenta na serena confiança de que o bem está destinado a prevalecer, sempre, em todo lugar. Basta dar-lhe tempo e a eternidade!".

Hoje eu senti muita vontade de desanimar, embora não tivesse mais motivos para me abater. Mas não estava bem. Sentia-me ainda vazio(a) e triste no coração e no olhar. Dizia a mim mesmo(a): "Quem acenderá a luz dos nossos olhos? Quem fará reaparecer o sorriso dos nossos rostos? Quem restituirá o entusiasmo e a positividade às nossas palavras? Quem perfumará o ar de mensagens encorajadoras? Quem fará ecoar novamente no céu a música e a alegria?".

Encontrei um casal de namorados: mão na mão, apoiados um no outro, os rostos desprendiam vida e vontade de viver; juntos, na mesma direção, ligados por um amor forte, emanavam esperança.

Senhor, aumenta a esperança.
Multiplica os namorados, os verdadeiros, no mundo.
Faze que os esposos sejam eternos namorados.
Faze queimar de amor a nossa vida.
Ensina-nos a semear alegria e sorrisos
e a compartilhar com coragem também as tristezas.
Senhor, aumenta a esperança.
Ajuda-nos a olhar além das aparências,
a perceber o bem escondido,
a escutar a floresta que cresce,
a compreender que atrás de cada motivo de desânimo
existe pelo menos
um outro motivo de esperança.
Senhor, aumenta a esperança.
Ensina-nos o amor que se faz dom:
cada dom, feito no amor, gera esperança.
Ajuda-nos a descobrir os mil gestos de amor
que florescem sob os nossos olhos
e que podemos fazer florir com as nossas mãos.
Amém, Deus da esperança!

Sumário

Introdução 5
   Oração inicial..9

Partir novamente de Cristo

1. Jesus ressuscitado está entre nós...............................13

   À escuta...14
      Os medos 15
      As luzes 16
      O desconhecido 17
   Para a vida 18

2. Jesus é o programa de vida..19

   À escuta...20
      Um programa para ser conhecido..............................20
      Um programa para ser lembrado................................22
      Um programa para ser seguido 23
   Para a vida 24

3. Natal é Jesus, Palavra feita homem 25

   À escuta...25
      Maria 26
      José...27
      O Menino 29
      Os anjos 30
      Os pastores 31
      Os magos 32
   Para a vida 33

4. Jesus ensina a rezar..35

   À escuta...35
      Jesus ora: a prioridade 36
      Jesus ora: tempos e ritmos precisos............................36
      Jesus ora: um estilo 37

Jesus ensina o pai-nosso 38
Jesus ora na dor 39
Jesus ora pela unidade 40
Para a vida 40

5. Jesus encarna a Palavra 43
À escuta.. 43
Jesus escuta a Palavra 44
Jesus vive a Palavra 45
Jesus anuncia a Palavra 46
Jesus confirma a Palavra 47
Para a vida 47

6. Diante do Crucificado 49
À escuta.. 49
"Por que todo esse desperdício 52
"Estavam irritados com ela" 52
"O Evangelho será anunciado no mundo inteiro" 53
Para a vida 53

7. Jesus nos precede com os seus dons 55
À escuta.. 56
Jesus toma a iniciativa 56
É Jesus quem salva 57
Para a vida 59

8. Jesus nos confia a Maria, a Mãe 61
À escuta.. 61
Debaixo da cruz 62
À espera do Espírito 63
Visitando a prima 64
Em Caná 65
Para a vida 67

9. O caminho da humildade 69
À escuta.. 69
"Discutiam pelo caminho" 72

"Qual de nós é o maior?" 73
"Jesus perguntou-lhes" 74
Para a vida 74

O rosto misericordioso de Jesus

1. Um olhar de misericórdia 79
À escuta 80
"Foram até ele" 83
"Um paralítico..." 83
"... levado por quatro pessoas" 84
"Descobriram o teto" 84
"Jesus, vendo a sua fé" 85
"Os teus pecados são perdoados" 85
"O que é mais fácil dizer?" 86
"Pega tua maca e vai para casa" 86
"Todos ficaram admirados e louvavam a Deus" 86
Para a vida 87

2. "Eu vim para chamar os pecadores" 89
À escuta 89
"Viu um homem sentado na coletoria de impostos" 92
"Ele se levantou e seguiu-o" 93
"Não vim chamar os justos" 93
Para a vida 94

3. O Menino mais belo do mundo 95
À escuta 95
Para a vida 99

4. Jesus escolhe amigos e colaboradores 101
À escuta 102
"Subiu a montanha" 103
"Chamou os que ele quis" 104
"Para que ficassem com ele" 105
Para a vida 106

5. O olhar de Jesus sobre os discípulos 107

À escuta 107
"Jesus entrou em casa" 110
"Os teus estão lá fora e te procuram" 111
Fixando o olhar 111
"Quem faz a vontade de Deus..." 112

Para a vida 113

6. O olhar de Jesus sofredor 115

À escuta 115
"Devia sofrer muito" 118
"Pedro começou a censurá-lo" 119
"Renuncie a si mesmo" 119
"Tome a sua cruz" 120
"... a encontrará" 120

Para a vida 121

7. O olhar de Jesus crucificado 123

À escuta 124
Anúncio da traição 124
A loucura da paixão 125
O olhar dos amigos 126

Para a vida 127

8. O olhar de Jesus ressuscitado 129

À escuta 129

Para a vida 133

Oração final 135

Aumenta a esperança 135

Impresso na gráfica da
Pia Sociedade Filhas de São Paulo
Via Raposo Tavares, km 19,145
05577-300 - São Paulo, SP - Brasil - 2007